高校大学生创新创业与人才培养模式研究

向 江 范媛吉 陈晓萍 李新星 著

中国原子能出版社

图书在版编目（CIP）数据

高校大学生创新创业与人才培养模式研究 / 向江等
著. —北京：中国原子能出版社，2020.8（2024.1 重印）
ISBN 978-7-5221-0818-6

Ⅰ. ①高⋯　Ⅱ. ①向⋯　Ⅲ. ①大学生–创业–研究–
中国②高等学校–人才培养–培养模式–研究–中国
Ⅳ. ①G647.38②G649.2

中国版本图书馆 CIP 数据核字（2020）第 164352 号

高校大学生创新创业与人才培养模式研究

出版发行	中国原子能出版社（北京市海淀区阜成路 43 号　100048）
责任编辑	胡晓彤
装帧设计	刘慧敏
责任校对	刘慧敏
责任印制	赵　明
印　　刷	河北文盛印刷有限公司
经　　销	全国新华书店
开　　本	787 mm×1092 mm　1/16
印　　张	12.5
字　　数	210 千字
版　　次	2020 年 8 月第 1 版　2024 年 1 月第 2 次印刷
书　　号	ISBN 978-7-5221-0818-6　　　定　价　45.00 元

网址：http://www.aep.com.cn　　　　E-mail：atomep123@126.com
发行电话：010-68452845

前 言 PREFACE

为适应国家产业结构的转型升级和经济方式的重新调整的需求。高等院校教育教学理念必须向着创新创业型人才的培养方向转变。树立科学的创新创业教学理念,构建多层次多维度立体的创新创业教学模式,完善并优化创新创业教育的管理体系以及设定规范的创新创业教育学分评价制度,为培养全面综合素质的创新型创业人才营造有积极意义的整体环境。我国高校创新创业人才培养工作开展时间相对较晚,对于创新创业人才培养模式的研究目前仍处于摸索阶段。

本书对高校创新创业教育内涵进行阐述,分析高校创新创业人才培养的现状及存在问题,构建了创新创业人才培养模式,在此基础上,提出了如何提高高校创新创业人才培养模式的实施路径。以期通过本书的介绍,能够为创新创业与人才培养模式研究者提供帮助。

本书由向江、范媛吉、陈晓萍、李新星合著。在写作过程中,笔者参考了部分相关资料,获益良多。在此,谨向相关学者师友表示衷心感谢。

由于水平所限,有关问题的研究还有待进一步深化、细化,书中不足之处在所难免,欢迎广大读者批评指正。

著 者

2020 年 8 月

目 录 CONTENTS

第一章 高校创新创业教育的发展趋势

第一节 大学生创新创业素质培养的教育供给侧改革

一、教育供给侧改革的提出

"教育供给侧改革"的核心是扩大优质教育资源供给,优化教育资源配置,为受教育者提供更多、更好的教育选择,为其未来发展奠定最宽厚的基础,创造最丰富的可能性。围绕当前人才培养供需之间的结构性矛盾,推动高校教育的供给侧改革是主要的举动。教育供给侧改革正因互联网的发展而发生深刻变化,高校也将面临前所未有的战略机遇和挑战。教育领域被以互联网为代表的信息技术跨界渗透,呈现的系统性、规模化、数字化、个性化等都是教育变革应具有的特征。随着教育供给侧改革发生前所未有的结构性变化,教育的效率随之提高,教育的质量也随之提升。教育其实就是人才的供给和教育资源的供给,加强教育的供给侧改革才能够满足不同的教育需求。

(一)高校视角下的"供给侧"改革

>> 1. 高校"需求侧"改革存在的问题

目前,教育结构失衡、两极分化严重、资源分配不均衡、专业设置雷同性大等问题正困扰我国各个高等院校,这将导致高校无法适应社会现实需求的发展。同时,传统"需求侧"改革促使高校片面追求规模和学科门类的大而全,但师资力量、教育教学设施等严重不足,影响人才培养质量,体现出大学生培养质量与市场需求脱节。另外,高校创新能力不足,能潜心从事教学科研工作的教师较少,处于低水平研究状态,很多教育工作者自己没有创业经历,无法高效地介入市场。

>> 2. 高校"供给侧"改革的要求

当前,虽然一些高校办学规模严重超标,但相关教育部门仍然不断加大资金、师资和教学设施设备的供给,投入得不到有效监督,投入效果没有相应的评估机制。因此,应改革高校"供给侧"的一些突出问题,促进教育公平发展,提高教育质量。在新的历史条件下,"供给侧"改革需要从规模、数量上转向注重教育质量、效益和创新能力的提升。首先,优化教育结构,从专业设置入手,优化高校内部结构;从宏观上合理布局高校资源,使高校人才培养符合市场和地方经济发展需求。其次,注重内涵式发展,提高教育质量,改进教育教学方法,改革重心从传统模式转向人才培养模式,把人才培养质量作为教学的主要目标,改变对教师的单一评价制度,实现教学与科研并重,注重培养学生的动手实践能力和创新能力。再次,注重对高校办学效益的评价,建立相应的评价体系,把有限的资源运用到效益较高的学校,引入市场资源,扩大办学资源的渠道,提高资源的利用效益。最后,走创新发展的道路。习近平总书记提出创新、协调、绿色、开放和共享发展理念,其中,创新处于首要地位,创新是"供给侧"改革的必由之路。高校作为创新的主要阵地,应主动承担创新使命,加强机制体制创新,建立创新、创业文化,引导大学生树立创新思维,实现高校整体变革。

(二)大学生自主创业视角下困境分析

≫ 1.大学生自主创业困境分析

第一,大学生创业缺乏资金和相应的社会资本,并且大学生的抗风险能力差。一方面,很难获得银行信贷支持;另一方面,对风险投资缺乏足够的责任心。第二,大学生创业知识和经验都不足,学校很少专门开设创业课程或创业培训讲座,大部分大学生创业没有任何创业知识和经历,所以他们在创业时通常选择风险较小的传统行业起步。第三,大学生没有创业市场及社会方面的经验。在不了解市场的情况下盲目投资,缺少必要的发展计划和操作经验,不了解消费者需求,会导致产品不能适销对路,一旦受到挫折,他们常常十分茫然,没有应对挫折的能力。第四,现有的创业环境还有待进一步完善。目前,虽然国家鼓励大学生创业的政策相继出台,但从总体来看,大学生创业还受到很多条件和观念的阻碍,与发达国家的成熟创业环境相比,我国创业环境在资金、政策和创业教育和培训等方面都有待完善。

≫ 2.大学生就业困境分析

在目前就业人群中,除了应届大学生,还有往届未找到工作的及"供给侧"改革背景下的结构性改革所带来的企业下岗人员,诸多原因导致就业形势严峻。与此同时,许多企业却招不到合适的员工,专门技能型人才的岗位空缺,招工难与就业难并存,究其原因是人才质量的培养形式与社会需求不匹配。当前,高校专业及课程设置雷同,缺乏特色专业,不能按照社会需求变化调整专业设置,与企事业单位的需求脱节,不能将行业发展的最新东西传递给大学生,让大学生按照未来就业岗位要求完善自我,提高就业竞争力。另外,很多高校就业机构设置也没有完全适应社会经济发展需求,对大学生的职业生涯规划、职业素质训练还比较薄弱。除此之外,大学生就业观念也存在问题,许多大学生在大学期间没有忧患意识,不能及时了解相关行业的就业动向,导致其人际交往、沟通表达、动手及组织管理等就业能力都很差。

二、"高等教育供给侧改革"核心与内涵

从经济学的角度来看"供给侧改革"就是指从供给、生产端入手,通过解放生产力,提升竞争力,促进经济发展。其核心在于提高全要素生产率,政策手段包括简政放权、金融改革、国企改革、提高创新能力等。其核心方法是提高生产函数中的全要素生产率,具体手段包括制度改革、调整资源配置结构及提高劳动者素质等。经济改革必然引领高等教育的改革,教育部原部长袁贵仁也指出"未来中国的发展,离不开高等教育提供的人才和智力支撑,离不开根植于高等教育的知识创新和技术应用"。高等教育的改革应从高等教育供给侧进行结构性改革,"高等教育供给侧改革"一词随中国经济的供给侧改革应运而生,"高等教育供给侧改革"在"十三五"时期,甚至更长的时间将处在一个突出位置上,将为中国经济未来的行稳致远、劳动力素质的提高发挥重要作用。因此,有必要了解"高等教育供给侧改革"的核心和内涵,做到有的放矢,富有成效。高等教育质量是高等教育发展的生命线,"高等教育供给侧改革"的核心任务是全面提高高等教育质量和效率,其内涵包括教育要面向现代化、面向世界、面向未来,实施高等教育的"优化组合",提高人才培养质量,推进素质教育和创新创业教育,提升科学研究水平,增强社会服务能力,优化结构,办出特色,将高等职业教育纳入经济社会发展和产业发展规划,促使职业教育规模、专业设置与经济社会发展需求相适应,改进管理模

式,引入竞争机制,促进教育公平,实行绩效评估,进行动态管理,转变教育发展理念,创新人才培养模式,深化教育体制改革,确保质量保障评估和现代教育制度建设等成为改革的重点。

三、创新型人才培养的供给侧改革

国务院办公厅发布《关于深化高等学校创新创业教育改革的实施意见》(以下简称《意见》),《意见》指出,深化高等学校创新创业教育改革是国家实施创新驱动发展战略、促进经济提质增效升级的迫切需要,是推进高等教育综合改革、促进高校毕业生更高质量创业就业的更高举措。人才作为高等教育供给侧中的重要因素在新时期应具备更高的创新水平,要实现"供给侧"改革与创新创业的对接要做到以下几点。

第一,根据经济社会发展需要,对某些学科专业数量进行控制,根据需要增设新专业,发展交叉学科,坚持学科专业有侧重性发展。设立有特色、有内涵的专业学科。对学校现有的学科专业布好局,做好顶层设计,集中建设与学校办学定位和办学特色相匹配的学科专业群,重点建设一批优势、特色、品牌专业,将学科优势与专业建设紧密结合,使二者互相支撑,推动高等教育内涵式发展。世界上一流大学中没有哪一所大学能够覆盖所有的学科专业,要避免所谓"综合性""全科式"发展,避免高校学科专业上的盲目布点、重复设置、"多而散"的功利行为,建立学科专业设置的预警机制,把就业状况反馈到人才培养环节中来,科学合理设置学科专业,通过教育教学改革,确定专业教学的内容和人才培养的方式。

第二,坚持学生为教育主体,围绕学生特点创新教学模式。结合传统的知识结构与现代化信息技术教育方式,不断调整课堂教学方法,采用互动交流式与课堂辩论式等方法培养学生的批判性思维与创新性思维。充分利用现代信息技术,广泛借鉴国内外高校创新创业教育模式,如美国百森商学院的"强化意识"模式、斯坦福大学的"系统思考"模式与哈佛大学的"注重经验"模式。借探索供给侧改革的东风提升自身创新实力,将我国在创业创新教育的体系方面已有的经验做法推广出去,同时,在借鉴国外的教育模式的基础上结合自身情况形成提升创新能力的特色化道路。改变考核机制,完成从注重提高学生考试分数到提高学生解决问题能力的思想转变,着重考察和考核学生发现问题、提出问题、分析问题和解决问题的能力。

第三,促进教学与科研同步发展。深入思考和把握研究型大学的建设逻辑,深刻领会研究型大学"在创造知识的过程中培养创造性人才"的辩证关系,有效控制"科研漂移"现象;开展教育思想大讨论,进一步巩固本科教学的基础地位和人才培养的中心地位,努力营造教学文化氛围;加大投入,不断改善教学条件,进一步加强课程群与教学组织建设,着力增强学生的实践能力。李克强总理在《政府工作报告》中提出,要培育"工匠精神"。"工匠精神"也是增强学生创新实践能力不可或缺的重要品质,通过教育和引导,使学生养成精益求精、追求卓越的行为自觉。注重增强学生实践能力,践行知行合一,提高解决实际问题的能力。

高校要多为学生提供动手机会,与企业、科研院所和政府部门等密切合作,形成社会协同育人的格局。第一,改变高校的课程体系与人才培养策略,将专业教育与创新创业教育结合起来进行教学。高校的课程教育不能只局限于基础理论知识的传授,更要将培养学生创新意识放在重要的位置上。课程体系设置要在夯实专业知识的基础上,将理论与实践相结合,注重创新意识与能力的培养。第二,充分利用社会公共平台,激活高校创新创业动力。在各大高校内部设置创业基地、大学生创业实践园等创业交流平台,开设创业辅导课程,营造大学生创新创业的学习实践氛围。第三,积极开展高校间创新创业交流合作。清华大学发起并联合137所高校和50余家企事业单位及社会团体组成中国高校创新创业联盟,旨在整合社会资源,激发高校创新创业动力,让企业与高校实现对接,完善企业为主体的产业技术创新机制,同时带动高校综合创新能力的提升。

综上所述,将创新创业与"供给侧"改革实现对接能够排除"供给侧"改革过程中长期积累下的结构性障碍,高校从培养创新型人才、加强科研成果转化能力等方面着手推动创业创新进而打造经济发展引擎,促进经济在转型中平稳发展。以立德树人为根本、以中国特色为统领,以支撑创新驱动发展战略、服务经济社会为导向,提升综合实力,引领教育现代化,为国家发展、人民幸福、人类文明进步做出新的更大贡献。

第二节　"互联网＋"形势下的创新创业素质教育

近年来,大学生整体数量呈明显上涨的趋势,这与有限的社会人才需求量之间形成了矛盾,导致很多的高校毕业生在毕业后难以找到合适的工作岗位。在高校毕业生就业辅导教育体系中开设专门的创业教育课程,教授学生关于创业相关的技能,使学生在毕业后能够开展自主就业,成了解决社会人才供需矛盾的不二之选。同时,近年来互联网发展十分迅猛,网上购物、订餐、共享单车等一系列服务行业逐渐盛行并发展起来。以淘宝、微商等为代表的电子商务创业平台,凭借自身低门槛、易宣传、范围广等特点受到了许多创业者的青睐,为广大的创业者提供了一个很好的创业平台。如今,随着网络经济的迅速发展,网络创业由于其对社会经验及资金需求低等特点,已逐渐成为大学生在就业选择当中一条较为重要的途径,现已成为大学生创业的首选。高校创业教育要想取得良好的效果,就必须紧跟社会时代发展的脚步,将互联网创业引入教学中来,利用"互联网+"的优势作用,使高校创业教育取得创新式发展,为学生谋得更好的发展方向,有更好的就业前景。

所谓的"互联网+"即为两化融合的升级版,将互联网作为当前信息化发展的核心特征提取出来,并与工业、商业、金融业等服务业全面融合。其中的关键就是创新,只有创新才能让这个"+"有价值、有意义。正因如此,"互联网+"被认为是创新2.0下的互联网发展新形态、新业态,是知识社会创新2.0推动下的经济社会发展新形态演进。通俗地说,"互联网+"就是互联网加各个传统行业,但这并不是简单的两者相加,而是利用信息通信技术及互联网平台,让互联网与传统行业进行深度融合,创造新的发展生态。

如今我们正处于"互联网+"的时代,在"互联网+"创新创业的时代大潮中,如何对高校学生进行创新创业培养,如何让学生获得更多的实践能力,已成为高校教育改革发展的重心,各高校更应该关注"互联网+"对高校创新创业教育所产生的影响,才能更好地改革高校的创新创业教育,才能培养出优秀的人才。

一、"互联网+"形式对创新创业教育的影响

(一)使高校对"互联网+"时代下的创新创业教育更重视

2019年应届大学毕业生高达795万,各高校就业创业任务将会更加艰巨。教育部明确指出"高校毕业生就业创业工作是教育领域重要的民生工程,要求强化就业创业服务体系建设,提升大学生就业创业比例"。大学生自身接受新事物快,利用互联网创业资金门槛低,自由时间支配度高,不受时间地点限制,运用电商等专业知识,利用互联网进行创业具有绝对优势。"互联网+"创新创业的诸多案例如雨后春笋般不断出现,这些成功更应引起高校的重视。

我国融合"互联网＋"之后的创新创业教育正处于起步阶段,在高校教育领域中只有少部分院校重视创新创业教学,大多数集中在如何培养技能型人才和学术型人才,创业意识薄弱。目前,部分高校受国家政策影响、市场经济的发展,已经开始转变其教育办学理念,更加注重创新创业教育,认为创新创业教育不应停留在表面,而应从教学计划、教学方案、人才培养、教学评估等方面进行改革,从而为学生的创业提供很好的知识技能基础。

(二)打破了对创新创业教育的认识误区

我国的创新创业教育起步晚,很多大学生对"互联网＋"创新创业认知不足,存在认识上的误区,很多学生错误地认为"互联网＋"创新创业就是开淘宝店、做微商、产品代购、电子商务等;同时,高校主要培养学生利用和使用互联网来营销、运营的能力。随着创新创业已成为国家热议话题,创新创业越来越引起大家的重视和关注,因此,"互联网＋"创新创业教育要让高校和学生重新认识了解互联网创新创业究竟是干什么的:所谓的电子商务专业只是适合大学生创新创业的方式之一,高校应把创新创业教育作为一种生存技能进行培养和训练,让学生将专业知识与互联网运用能力融合起来,同时,着重培养学生的创新意识、创业能力。

(三)使创新创业教育与"互联网＋"更加融合

在创新创业教育过程中,"创新创业精神＋专业技能理论＋实践经验"缺一不可。目前,"互联网＋"对国家经济及教育的影响巨大。首先,部分高校已开始打造电商校园创业大赛,使学生可以置身创业的实战场景,从而提升创新意识,激发创业动力,为创业成功奠定基础;其次,部分高校还成立了电商创业协会,将创新创业教育与学生社团活动结合;最后,有的学校还实行校企联合办学,共同促进"互联网＋"时代下的创新创业教育发展。

(四)对教师师资队伍提出了更高要求

在"互联网＋"的时代背景下,对当代大学生的创新创业教育的要求会越来越高。那么,对于教师队伍的要求也会相应提高,教师不仅要跟上时代潮流,多接受新鲜事物,还应提高自身的素养、专业知识和创新创业意识等。这也就要求老师要和学生一起学习新知识,共同推动"互联网＋"形式下的创新创业教育发展。

二、"互联网＋"创新创业教育的价值特征

"互联网＋"无形中逐渐渗透到我们的生活中,在我们的生活中每时每刻都可以看到它的身影。它不仅影响和改变了我们的生活与生产方式,而且还产生了大量新的市场需求。这些不仅为我们的创新创业活动提供了巨大的动力,也引发了新一轮的创业高潮,对创新创业教育而言,它为创新创业教育的改革提供了很大空间。在"互联网＋"时代,创新创业教育的价值特征可解释为:"互联网＋"创新创业教育的价值目标应该顺应"创新、协调、绿色、开放、共享"的发展理念,让大学生们在课堂知识基础上实现全面自由的发展,成为具有创新精神和竞争能力的创业者。

(一)夯实专业能力是"互联网＋"创新创业教育的基础

专业能力是劳动者从事所在职业或岗位工作所必需的能力,是个体赖以生存的核心本领。在"互联网＋"时代的创新创业教育中,要更加注重对学生的智能软硬件、互联网应用、大数据处理等技术手段和工具的培养与实践,增加学生的专业知识,使其能满足学生自身未来的职业发展和社会的需要。同时,这还能提高学生应对专业上的困难的能力,缓解自身的部分社会压力,使学生能够真正有效地激发自己或团队的发展潜力及提高运用个人或集体智慧破解各种发展"瓶颈"的能力。也就是说,要让学生在创新创业教育中真正夯实专业能力,并将专业能力运用到专业实践、资源获取、跨界融合、创业行动中去,从而在实践中得到更好的锻炼。

(二)具有工匠精神是"互联网＋"创新创业教育的核心

为适应经济新常态下我国经济社会发展与产业转型升级带来的新人才观,"工匠精神"被重新提出。"工匠精神"指的是工人对生产、制造、加工的产品精雕细琢、精益求精,追求更完美的工作理念。工匠精神以"打造本行业最优质的、其他同行无法匹敌的卓越产品"为目标。当前,在"互联网＋"时代,无论是德国版的"工业4.0"还是中国版的"中国制造2025",都趋向智能化制造、服务型制造、柔性化生产、个性化定制、参与式创新等,深刻反映了这个时代的特征,激发出整个社会的创新、创业激情,促进了传统的生产方式向互联网生产方式的转型。因此,

"工匠精神"在更大程度上代表着新的生产理念、创新创业理念、社会共识与社会心理表达。因此,在"互联网＋"创新创业教育中,必须注重让学生动手参与创新、创造,树立起对职业敬畏,对工作执着,对产品负责的态度,只有将一丝不苟、精益求精的"工匠精神"融入每一个环节,才能做出打动人心的产品,使"工匠精神"真正刻在学生的心上。

(三)增强开放协同是"互联网＋"创新创业教育的关键

"互联网＋"及其所推动的产业变革,将会为未来经济带来新的增长点,而且会直接或间接地推动就业、创业、创新方式的变革。这是因为:一方面,"互联网＋"其实就是"创新 2.0 时代",以其用户创新、大众创新、开放创新、协同创新等特点促使经济发展模式朝着开放经济、共享经济、创新经济加速迈进,推动新业态、新模式、新技能不断涌现;另一方面,"互联网＋"时代我国教育的改革发展方向必然会呈现这样一种价值取向,即通过"互联网＋"驱动人才培养,使信息技术利用的"工具"成为教育与社会联通的"道路",而且"开放化"与"协同化"也将成为教育发展的显著外部特征。这也意味着,"互联网＋"时代的创新创业将是一种全新的开放式创新创业模式,增强开放协同意识和能力也就成为关键。为此,各类学校应主动适应科技创新、社会发展和产业升级的需要,更加注重开放协同,更加注重培养学生的能力,使其能够将不同人群、不同机构、不同资源整合到自己的创新创业过程中,从而形成协同效应。

(四)促进全面发展是"互联网＋"创新创业教育的目标

各类院校的新使命是为社会培养创新创业者,虽然学术界和实务界对创新创业教育目的有不同认识,但是培养具有社会责任感、创业精神、实践能力的社会公民是创新创业教育的基本功能。"互联网＋"时代创新创业教育的终极目标应为促进"全人发展",充分激发潜能、培养完整个体。一方面,"互联网＋"对创新创业教育所产生的影响,不仅是教育理念革新、教育形式重构、教育内容和学习方法的变革,更主要的是对具有"跨界、融合、开放、共享"思维的未来劳动者提出了明确要求,要求学生应具有包括良好的协作沟通、诚实守信、批判思维、竞争意识、风险承担、职业规划及专业技能等在内的综合素质和能力;另一方面,"互联网＋"为学习者提供了更大的个人发展舞台,也提供了自我实现的综合杠杆。因此,以"全人发展"作为"互联网＋"时代创新创业教育的根本目标,既符合学生自身发展的需要,又体现了"互联网＋"时代对人才的诉求,还顺应了未来社会发展的要求,直接凸显了创新创业教育的内在价值,与"互联网＋"所蕴含的逻辑内涵具有内在的一致性。

三、"互联网＋"时代下大学生创新创业教育新模式

(一)"立体式"的创新创业教育新模式

从我国创新教育工作的开展情况来看,"立体式"的创新创业教育新模式的主体主要指的是以下三个方面:一是年级;二是学生;三是高校。"立体式"的创新创业教育新模式需要从以下几个方面入手:一是从不同阶段的学生具有的专业特点、成长特点等入手;二是从不同层次学生具有专业特点、成长特点等入手,以因材施教为目的,促进教育效果不断提高。

首先,根据年级特点来开设不同课程。一般同一个年级的学生具有的特点基本相似,思维模式、思想等也大部分相同。因此,在初级阶段设置一些非常基础的课程,如"职业生涯规划""创业基础"等,并有效开展各种课外创业活动,如"小发明""创意比赛"等,有利于增强低年级学生的自信心和热情。在中等年级设置一些激发学生能力的课程,为他们提供创新创业方面的指导,并让他们了解公共关系、社交活动等,如营销类的课程、管理类的课程等,对于增强学生的创新思维能力、创新素质等有极大作用。在高年级开设一些实习、观摩的课程,如创业实习、就业指导等,可以大大提高他们的实践积极性,并在教师的辅助作用下增强自身的创业能力,对于全面提升他们的创新创业能力有着重要影响。

其次,根据学生的特点来实施个性化教育。不同的学生有自己的个性特点,因此,在"互联网＋"时代下实施创新创业教育,可以利用学生的个性特点来增强他们的创新意识,并提升创业素质,从而在挖掘学生兴趣、爱好等的基础上,促进学生实践能力进一步提高。

最后,根据高校特点来开设课程。我国当前的高校主要分为以下几种:一是研究型;二是综合型;三是应用型。同时,有重点高校和普通高校、理科类型与文科类型两个类型的区分。因此,根据高校的特点来进行课程开设的考虑,选择最合适的教育方法,采用不同的创新创业教育模式,培养各方面能力较强的优秀人才。

（二）"三位一体式"的创新创业教育新模式

目前，"互联网＋"时代下的创新创业教育新模式，对"三位一体式"比较看重，其主要由以下三个部分组成：一是理论基础；二是模拟实践；三是实践练习。采用这种新模式，不仅能让学生掌握扎实的基础知识，还能通过模拟公司开办流程、上班流程等方式，激发学生的创新创业热情，从而在学生参与各种社会实践和加强校企合作的基础上，真正为高校学生未来良好发展提供大力支持。

（三）"网络式"的创新创业教育新模式

在网络非常普遍的现代社会中，创新创业教育者已经对"网络式"的新模式有了新的认识，在一定程度上可以缓解学生因资金不足带来的创新创业压力。目前，"网络式"的创新创业教育新模式主要包括以下几种：一是网络购物；二是"威客"类型；三是网络写手类型；四是网络推手类型等。以网络购物类型为例，根据相关调查和研究发现，网络购物类型的创新创业教育新模式主要包括以下几种：一是自营网店；二是淘宝客服；三是网络模特；四是网购砍价人员；五是淘宝设计师；六是淘客。在不同学生根据自己的实际情况、爱好、兴趣等选择创新创业项目的情况下，他们可以大胆地实践，并且不需要考虑高成本带来的压力和负债等，如某些学生具有 Photoshop，Javascript，PHP 和 DW 等方面的专业知识，并有较强的想象能力、创新意识等，则可以应聘到淘宝做设计师，不但能发挥学生的专长，还能促进学生社会实践能力进一步提高。

（四）"在线课堂"的创新创业教育新模式、

在"在线课堂"的教育模式下，上万人可以同时进行学习，并以学生自身的兴趣为主要教学内容，通过网络平台的方式听课，因在线课堂大部分都是在网上进行的，不会受时间、地点和空间等的限制，只要有网络就可以学习。同时，还可以回顾以前没听过的内容，十分快捷。

"互联网＋"的实施，无疑将为我国传统产业的转型升级注入根本性的变革力量，促进产业的数字化、网络化、智能化，这正是我国实施"中国制造 2025"战略的核心所在。在我国深入推进经济结构转型，全力构建创新型国家的关键阶段，各高校只有坚定不移地贯彻党和政府对新时期大学生创新创业教育工作的要求，才能为中华民族伟大复兴的稳步推进输送更多的优秀人才。

第三节　基于生态系统角度的创新创业教育研究

在发展心理学中,布朗芬布伦纳提出了生态系统理论,即个体发展模型。他从社会价值角度思考,生态系统理论其实是一种共生共存的组织系统,该理论将影响人类行为的环境分为四个层级,从内到外分别为微观系统、中观系统、外观系统和宏观系统。

微观系统直接影响个人的发展,是包容个人的中间组织,中观影响微观系统间的互动关系;外观系统是微观系统的一种延伸,间接地影响个人;宏观系统是一种较大的环境系统,如经济、社会、教育、法律及政治系等。生态系统理论强调多重环境对人类行为及其发展的影响,试图通过改善人与环境之间的相互作用,使人的需要与其所处的微观、中观、外观与宏观环境之间更好地协调互动。

虽然我国高校创新创业教育取得了阶段性的成果,但其缺陷显而易见,纸上谈兵较多,联系实际较少。在剖析国家、区域和企业三个层面的生态模型的基础上,实行一种新的创新创业教育模式,实践证明,这种模式对创新创业型人才的培养有良好的效果。

一、创业生态系统理论

(一)国家层面的创业生态系统

早在20世纪90年代,产业、政府和大学三者在知识经济时代就存在新的关系。产业作为进行生产的场所,承担最终产品问世的重任;政府作为契约关系的来源,应确保稳定的相互作用与交换;大学则作为新知识、新技能的来源,是知识经济的生产力要素。大学、产业和政府在保留自身原有作用和独特身份的同时,每一个又表现出另两个的一些能力。三者交叉、结合,角色互换多样,多边沟通灵活,由此形成持续的创新流。

在英国,人们十分注重"敢于失败"的文化和教育、政策监管的有效性。他们认为,创业具有不确定性和风险性,如果创业一开始没有成功,则需要再尝试一次,而英国分投公司往往也愿意帮助和投资一次又一次创业失败的人。对于创新者来说,失败是成功的必修课,创新者必须学会面对失败。因此,创业失败率高,就不鼓励创业是一种短视和错误的看法。

创新创业教育不仅仅是知识的转移,国家层面的创新创业生态系统必须重视技能和态度的重要性。在任何领域,成功的关键都是专注于在一次次失败中获得的经验和教训,而政府的作用就在于鼓励和帮助不敢面对创业失败的大学生寻找经验和教训,保护知识产权,从而在"政府—产业—大学"合作中发挥重要作用。

(二)区域层面的创业生态系统

当前欧盟各国创新创业教育主要有三种不同的发展路径:第一,国家制定专门的创业教育发展战略,从政策层面支持创业教育发展;第二,政府不制定专门的创业教育战略,通过将创业教育理念、内容、目的、手段等嵌入某一国家战略之中,如教育改革与发展战略、终身学习体系构建战略、经济发展战略等,体现了更加注重创业教育与社会经济发展战略的融合;第三,既不设定专门的创业教育战略,也不将创业教育融入其他发展战略,而是由政府相关的职能部门通过单独或合作的方式推动具体创业教育项目、计划,更加充分地调动全社会积极性,从微观层面自下而上地形成关注创业、参与创业的社会氛围,推动创业教育发展。

欧盟通过《2020 创业行动计划》,提出了系统的创业教育行动战略,强调终身创业能力的培育,从欧盟与成员国层面制定基础教育与高等教育两阶段的创业教育规划,提出为不同人群制定创业教育服务,为欧盟成员国创业教育体系建设指明了方向。

二、我国创新创业教育生态系统平衡发展的症结剖析

近年来,我国日益重视创新创业教育,提出了创新创业教育的理念,鼓励大学生创业。自进入 21 世纪以来,我国学术界也从不同角度关注高校创业教育研究,主要涉及创新创业教育内涵、创新创业教育体系、管理模式、课程体系、创业环境、创业文化、创业动机、创新精神和创业意向、创业力评价方法、创业基地、创业模式等方面。曹胜利等认为,高校创新创业教育可以通过基础层面、实践层面、保障层面与区域社会经济发展实现互动。梅伟惠、徐小洲提出,中国学校创业教育应采取"观念指引、分类建设、制度保障"的发展思路,树立立体创业教育观,重点加强师资团队与课程两个核心环节建设,建立促进创业教育良性发展的支撑体系。黄兆信等认为,应将创业教育重心从提高就业率向提升就业层次、从自主创业为主

向岗位创业为主、从创业实践教育向培养专业和创业的复合型人才的转变,实现高校创业教育的跨越式发展,创新创业教育的主要问题是教育观念相对滞后、目标定位失准、社会认可度不高、创新创业教育环境相对缺乏,需要重新定位创业教育价值取向、知识结构、实施策略的重要性。

创新创业教育应该重视与思想教育的协同。创业思想融入专业教育,搭建创业教育教学平台,将教师创业教育与学生创业教育并重,将创业课程植入培养方案,建立创业实践基地,实现创业教育与地域经济社会发展互融,提升我国高校创业教育的整体水平。建设创业教育生态系统,强调其针对性和协作性,创业教育涵盖校内和外部组织及个人,并通过有效协同实现"产学研"的良性循环。创新创业教育是一个复杂的系统工程,涉及高校间的物质循环、信息传递和资源互补,是一个具有开放性、循环性、永续性、整体性等特征的生态系统。通过我国创新创业教育发展及研究现状可以发现,目前,我国高校在创新创业教育中将已有的优势资源与创新创业教育对接,但面向协同培养的生态系统还存在很多问题,具体表现在以下几个方面。

(一)创新创业教育观念相对滞后

目前,教育观念较为封闭、保守,创新创业教育的社会认可度不高,人们缺乏对创业教育的本质性认知。学校领导和教师对创业教育的地位和作用认识不足,职能部门对创业教育的支持力度不够,高校开展的创业教育尚不能满足学生需要;大学生作为创业的主体,大多认为创业教育只是针对少数创新能力强的优秀学生,未意识到创业是当代大学生所应承担的一种社会责任,存在创业认知偏差。

(二)制度政策保障不足

政府对大学创业教育没有起到充分的主导作用,没有通过制定政策为高校创业教育创造良好的生长条件和外部环境。虽然各级政府在高校创新创业教育方面出台了很多宏观的指导政策,但执行力度不够,缺乏在具体操作层面的落实,大学生创业所需的规章制度和配套措施不完善,制度政策保障不足成为大学生创业积极性低、创新创业教育效果不理想的重要原因。

(三)高校创新创业教育体系不健全

高校创新创业教育培养目标定位不明确;没有完善的教学体系和教育理论框

架;师资力量薄弱,知识储备不足,教学模式单一,缺乏授课技巧,缺少创业经历;没有完善的课程体系,没有开设相关的课程或仅为面向部分学生的选修课程,无法与专业教育、素质教育结合;缺乏实践教学和训练,应用性训练、创业实践环节严重不足,实践活动和与市场结合的活动较少。教学方法、教学组织和评价方法有待结合创新创业教育的需求改进。

(四)创新创业教育资源未得到有效整合

尚未形成系统性的创新创业生态系统,缺乏高校创新创业教育活动的整体联动,协作的研究对象仅限于某一具体经济圈,协同平台单一,如只考虑科教结合、校企合作等单一方面,忽视国际交流;对创新驱动的研究主要是围绕需求、产业投入和要素投入展开,对知识群体创业本身及与创新驱动的关系研究不足,忽视了与区域经济和发展转型的互动互促。政府、科研院所、社会、学校、家庭对于创新创业教育尚未形成良性多元多赢格局。教育主管部门对于创业教育投入不足,无法突破创业资金瓶颈和制度壁垒。高校没有提供足够的配套政策与财力支持,难以真正调动师生的积极性,创业教育形式单一,创业教育质量无法保证。尚未有效整合社会及企业资源,大学生可实践的创业平台匮乏,创业理论与实践脱节、知行不一。产学研之间没有实现紧密结合,科技成果转化层次和转化率较低,创业效果堪忧。

(五)创新创业文化对创新创业教育的鼓励

传统封闭式的、循规蹈矩式的弱势文化倾向制约了创业教育的发展。创业教育缺乏完善的创业文化氛围,导致创新主体严重缺乏创造性和个性,实践技能不强。

(六)风险投资基金的倾向性及资金短缺

在创业资金支持上具有明显的风险投资倾向,对创新创业教育在资源、资金上投入较少,专项资金和配套资金不足,高校创新创业教育难以全面开展,政府、企业、校友资助资金少且没有专门部门来有效整合,导致高校缺乏创业教育资金,难以构建高校创业教育生态系统。

三、协同视角下创新创业教育生态系统的构建

(一)搭建创新创业教育的协同培养平台

创新人才全面协同培养平台的构建既涉及高校内部协同,也涉及强调政校企联动的高校外部协同。

▶▶ 1.搭建校内教育平台

包括创新创业教育课程平台、校内创业实践活动平台、校内预创业平台、师资建设平台、跨学科协同育人等,通过理工结合、文理交融,实施"双学位、双专业、主辅修"制,夯实基础,拓宽口径,全方位、多渠道创建良好的协同育人环境,不断提高学生的社会适应能力。

▶▶ 2.校政合作协同育人

"卓越计划"的实施对"校政合作"的广度和深度提出了更高要求。按照"卓越计划"模式的要求,在既定的体制框架内,"校政合作"要在目标机制、动力机制、运行机制、评价机制四个方面进行机制创新,从而发挥政府的指导作用。

▶▶ 3.强化科教协同育人

提高学生创新研究能力。开展科教资源平台共建共享协同育人,实施以研究型、探究式为主的培养模式,鼓励大师、学术水平高的教师参与本科教学和本科生创新能力培养。

▶▶ 4.扩大国际交流协作

拓展学生的专业学术视野。通过专家讲学、师资进修、学习交换、双语授课等多元渠道吸取国外高校的先进经验,提高专业办学水平和质量。

(二)构建"八个四结合"的创新创业协同育人生态系统

为实现各个平台的深度合作和有效联动,系统制定卓越创新型人才培养方案和培养模式,在良好的创业环境和文化氛围下,拟构建"八个四结合"的协同育人生态系统。

"创新精神、创业文化、创业链条、知识创业"四结合,建设先进创业理念,创业教育理念关系到创业教育的发展方向。现阶段创业教育的核心是创业精神培养,包括创业需求、风险承担、抗挫折能力等心理素质的培养。创业教育要培养激情勃发的创业者,首先要培养创新精神。创业教育是个系统工程,传统的创业教育处于相互割裂的、狭隘的封闭状态,迫切需要形成相互沟通、良性循环的创业链。知识在经济社会发展中发挥至关重要的作用,需要将知识创业作为创业的重要因素。

"思维创新、技术创新、自主创业、岗位创业"四结合,明确创业教育原则,创业教育的广泛性与持续性决定了创业教育需要坚持思维创新、技术创新、自主创新和岗位创业结合的原则,创新思维是开展创业活动的先导,创业教育的根本要素归结于培养创新主体的创新思维能力;创业需要技术的支持,创新创业教育的核心价值在于引领创新技术增加社会价值,将知识转化为生产力;高校创新创业教育迫于就业压力普遍强调自主创业,培养新企业的创办者,但从长远发展规划来看,高校创新创业教育应该重视"岗位内创业者",在现行公司体制内发挥创业精神和技能,促成新事物产生,从培养自主创新者为主向培养岗位创业为主转化,以更好满足岗位职业要求。因此,"四结合"的创新创业教育原则兼顾思维创新和技术创新、自主创业和岗位创业。

四、将生态学的分析视角引入创新创业领域的可行性分析

从创业的生态学研究视角来说,创业活动的发展就像一个刚出生的婴儿,经历孕育、出生、成长和成熟等各个阶段,因此,创业活动就和人生一样,在每个阶段都需要其特定的成长环境和资源,创业活动自始至终都与外部要素存在相互依存的关系。同时,创业活动的发展过程遵循优胜劣汰的竞争原则,创业活动的广泛推进也依托于具体的创业环境。因此,创业生态系统是由创业企业及周围的环境组成的一个动态平衡系统,两者之间相互影响、共同发展。

(一)创新创业活动是有生命力的组织活动

基于生态学原理理解创业活动的起点,创业活动的发展过程好似一个从孕育到诞生,并且逐渐成长、成熟的生命体。创业始于对创业机会的识别。在机遇与挑战并存的市场经济环境中,各种信息、各类资源纷扰交错,创业者在创业活动的孕育期必须从复杂的环境中寻找到对自身创业活动有价值的资源和信息。创业

者在创业活动的种子期需要确定创业方向和目标市场,寻找合作伙伴,将更多相关资源引入创业项目中,建立企业作为创业基地。创业者在创业活动的发展期必须根据创业方向为企业设定一个总体战略目标和经营模式。当企业经营活动步入正轨后,随着经营规模的扩大,企业逐步进入成熟期,其主打产品已占有相当一部分市场份额,并且为企业创造了可观的经济效益,使企业资金逐渐充裕并稳步运作。从孕育到企业发展成熟,在整个创业过程中企业必须不断汲取资源,同时,与外部支持要素保持密切的交流,与之相互依存。

(二)创新创业活动具备自我调控调节机制

在整个系统中,一个创业群落的发展会影响另一个创业群落的发展,影响并改变创业环境,一旦创业环境改变,系统中不适应现有环境的生态系统又会进行自我调节,整个生态系统中都在不停地重复这个过程,这种调控特性促使整个创业生态系统稳定在一个动态平衡的状态。创业群落与创业环境经过长久以来的适应共存,逐渐形成了一套相互协调控制的机制,主要表现在以下两个方面:一是对创业群落结构间的调控;二是对创业群落与周围创业环境之间的相互调控。创业环境能影响创业群落的成长,创业群落也能改善创业环境。这些调控机制使群落与群落间、群落与环境间达到协调的动态平衡。

(三)创新创业活动拥有开放系统系列特质

创业系统与生态系统一样也是一个开放的系统,从创业组织到创业生态系统、创业群落和周围环境都是开放的,从外界输入各种资源,经过创业群落的加工转化,形成最终产品输出给消费群体,从而维持整个系统有序循环的状态。例如,一个功能完备的创业园区系统,也无法脱离整个社会市场系统单独存在,需从周围创业环境中获取各类创业资源,经过创业园区内部的复杂转化过程,最终形成创业成果输送到外部市场。

(四)创新创业活动的开展依托于周围环境

生态环境是以整个生物界为中心,围绕生物界并构成生物生存的必要条件的外部空间,包括大气、水、土壤、阳光及其他无生命物质等,生态环境直接影响生物的生存和发展,进而影响整个生态系统的平衡和稳定。生物的生存和发展有赖于在生态环境中的生物群落,不利的生态环境会阻碍生物生长,甚至会导致其灭亡。

从这点来看,创业环境无疑是创业活动生存和可持续发展的必备要素。创业环境就是企业的生存环境和活动空间,它决定企业的生存状况、运行方式及发展方向,不同的创业环境会衍生出不同的创业活动主体,目前许多国家都非常重视创业环境的建设。此外,虽然创业环境对企业的生存和发展起到一定作用,但并不意味着创业主体只能被动地适应环境,如同生态系统中所存在的生物与生态环境之间的交互作用一样,创业主体可以通过创业环境汲取有价值的资源,并在创业环境中成长、成熟,在这一过程中也通过创业活动改变创业环境,这就形成了创业活动与创业环境之间相互依存的紧密联系。

(五)基于生态系统理论的大学生创新创业影响因素分析

生态系统理论整合了影响教育的各项因素,提出了各要素之间的相互影响关系,是创新创业教育研究分析的全新思考。从生态系统理论的角度来看,课程是创新创业的微观系统,是学生教育中直接接触的部分;导师是中观系统,他们联系学生与课程,影响微观系统之间的相互关系;政策是外观系统,与学生之间并无绝对的直接关联,但政府的政策却影响大学生创新创业教育的发展情况;文化是宏观系统,它抽象、模糊,却反映了社会发展的趋势,也宏观地指挥着创业教育的方向。同时,基于生态系统理论的支撑和数据的分析发现,要使创新创业教育更具有活性,就必须关注资金对于整个系统的影响。

五、基于创业生态系统的创新创业教育模式

(一)模式的运转中枢

东北大学秦皇岛分校成立了"创新创业与风险投资研究所"(以下简称"创投所"),作为一个研究和社会服务机构,自然而然地承担起衔接校内创新创业教育与创业生态系统的桥梁作用。在创投所的推动下,学校与秦皇岛港城创业中心(国家级孵化器)建立了良好的合作关系,并最终促成河北省省级校外实践基地的挂牌。创投所与经贸学院团委合作,开设"企业家进校园"品牌讲座,该讲座每两周举办一次,邀请创业成功的企业家进入校园现身说法,从而成为学生接触社会的一个窗口。创投所通过举办"企业家培训班",不仅服务本市创新型企业,也成为本市企业了解高校的一个关键通道。创投所每年还组织一次"中国创新创业大赛东秦选拔赛",鼓励师生合作组建创业团队,促进本校科技成果的商业转化。创投所与秦皇岛经济技

术开发区管委、中国科技金融促进会合作,即将设立的创新创业试验与培训基地,该基地将架起政府、企业、高校三个合作并互相促进的桥梁。

(二)模式的主要表现形式

由校大学生创新中心、经贸学院与创投所通力合作打造的"创新型企业商业计划路演大赛"是东秦嵌入创业生态系统的创业教育的主要方式。它为真实创新型企业设计的比赛,吸引了众多风投机构的参与,为创新创业生态系统和学校的创新创业教育注入了新元素,成为政府、企业和高校结合的完美典范。

该大赛对学生培养的效果非常之好:第一,学生可以在就业面试中信心大增,拿出自己制作的商业计划书,获得工作机会。同学们反馈,有时候,和面试官谈论的话题是围绕实践活动展开,关于实践活动的话题,占据了面试时间的 1/2 以上。部分学生被证券公司录用从事投资银行业务。第二,部分同学认识到实习企业的发展前景,果断进入此类企业工作,很快得到提升并在企业中担当重任,成为创业团队核心成员。第三,有少数学生毕业后走向创新创业之路,快速实现销售和融资,使企业得以生存和发展。

从表面来看,中国高校当前纠结于创业教育该如何深度推进以提高实效的问题;然而从深层次来看,中国高校在社会创业生态系统中,正面临生态位迷茫的问题。所谓生态位,是指生物种群在以环境资源或环境条件梯度为坐标而建立起来的多维空间中所占据的空间和位置。生态系统中每个物种都有自己的生态位。生态位越宽,种群可利用的资源种类越多,对周围环境的适应能力越强。家庭教育、学校教育、社会教育,每个系统都有自己的教育要素、媒介和工具。

根据生态学最少因素理论,当生态系统中一些特定因子处于最小量状态时,其他处于高浓度或过量状态的物质可能起补偿或替代作用。改革开放后,由于制度变革带来了大量市场机会,那些参与创业活动并取得良好收益的创业者,会在周围人群中产生积极的跟随效应,民众对于如何更顺利、更便捷、更有效地从事创业活动有了潜在的巨大学习需求。这本来应该是高校创业教育发展的大好时机,但中国办学机制的不足与封闭使在校的学生无法及时或根本无法获得相应的创业知识,造成社会创业生态系统中潜在的创业者群体无法从高校获取足够的创业教育"营养和资源",只能转而求助其他主体。当其他主体可以基本满足这种需求时,就使社会创业生态系统的"创业教育供需矛盾"得到缓解。

第二章　大学生创新创业教育理论与发展

第一节　创新创业教育的相关概念

一、创新教育与创业教育的内涵

(一)创新与创新教育

»» 1.创新

在《南史·后妃传·上·宋世祖殷淑仪》一书中最早涉及了"创新",创新是创立或者创造新的东西。在我国的《辞海》中对创新的定义:"创造新的革新"。美籍经济学家熊彼特在其《经济发展概论》中指出:"创新是把一种新的生产要素和生产条件的新结合引入生产关系。"这一创新理论包含下列五种情况:一是开发新产品;二是采用新的生产方法;三是发现新的市场;四是发现新的供应来源并获得新原材料或半成品;五是创建新的工业、产业组织。在中国科学技术等相关领域"创新"的概念被引进,是在 20 世纪 90 年代,以"知识文化与科学技术创新""自主创新"相关说法呈现,创新的说法无所不在,并迅速融入人们经济社会的不同范畴。有学者将"创新"从日常生活的内涵和经济学的视角对其进行解读。简单说创新是"创造和发现新东西"。创新可从广义的创新和狭义的创新两方面来解释。广义的创新,既可是观念上,也可是行为上出现的新"东西",或者对现有东西依托科技或教育等使其重新组合。正如在思想、技术、知识、科学与教育等层面提出的思想创新、艺术创新、技术创新等。而狭义的创新,以理论、措施或技能等方面,其任何的发掘、创造、更正或者重新聚合,关键是驻足于把经济发展与技术能力贯穿在一起。相对而言,广义的创新更多是思维层面的推陈出新、锐意进取、勇于尝试,精神和态度勇于开拓、转化的一种创造,还包括科技含量极低或是零科技的创新;比如社会创新、管理创新、制度创新等,它们不但会有较多的创新机缘与时机,并且还会从中产生巨大的效益或收获。由此可见,当我们在说创新是创业的本质和灵魂时,绝对不是从发明创造、技术创新的角度来认识和把握的,而是从"创业动机""创业者的创新认知""市场对创新的接受度"的角度来分析。它具有独特的视察角度和深刻意蕴,并且有一定的科学性、合理性。因为创业者可以有很多种创业类型去选择,如安定型、冒险型、复制型和模仿型,并非是单纯鼓励创业者进行高科技创业。管理学大师彼得·德鲁克以"分期付款"为实例,认为"创新并非要一定与技术有关联,有时完全可以不需要具体实物"。

▶▶ 2.创新教育

教育的积淀、传递、选择文化,最根本的使命在于创造、创新。人类教育必须把培养人作为主体改造世界的能力为支点。而作为改造世界主体的人"在思考、想象、信仰中创新和创造着,不断认识自身的完美性与达到其预期的可能性之间的距离"。创新教育具有人格心灵的"唤醒"使命。

大部分学者认为,创新教育是为了更好地培养受教育者的创新意识、创新思想、创新技能、创新素质,并使其成为一个创新人才为最终目标的一种教育活动;它与传统的教育相比,是一种新的教育思想和教育理念,是开拓创新的一种教育活动。目前,约有多于百种以上关于创新教育的定义,它是一个具有高度争议的概念。关于创新教育的定义,国际上大致分为广义和狭义两大类,狭义的定义:以具备有创新精神、理念、素养、人格和创造能力的创新人才为多层面培养目标的教育活动;广义的定义:以培养受教育者的创新素养、提升受教育者的创新潜能为最终宗旨,而有别于守旧式的、传统教育、填鸭式教育或守成不变的教育形式,是为培养受教育者的思维创新能力而开展的一种新型教育活动。

实际上,对创新教育的定义,我们对其内涵展开深入研究的同时,既要思量创新教育发展的历程及现已成形的特点规约,又要探究创新教育已有的升华和未来的拓展和演化趋势。从广义上讲,创新教育指的是受教育者勇于进取和不断创新而开展的一种教育活动。对于高等学校来说,创新教育就是培养受教育者再次觉察的探求和摸索能力、重组已有知识的综合能力、运用现有知识解决存在问题的实践能力及激励受教育者的创造潜能等一系列相关的教育活动。凡是以培养受教育者的创新素质、提升受教育者的创新技能为关键目标的皆可统称为创新教育。然而,高等学校作为培育具有学习能力、创新精神和创新人才的重要摇篮,必须使受教育者勇于思考、善于思考、勤于思考,在整个学习经历过程中要重视提升个人的思维开拓能力,并非是被动的接纳前人的思维与思想结论。创新能力是指受教育者在开展创新活动中所呈现出来的观察、思维、表达、动手及写作能力。创新教育不仅是受教育者的意识、精神、理念和实践能力等一系列有机圆满结合的呈现,更是受教育者其自身的创造才智和创造人格品行的有机完美融合的展示。

(二)创业与创业教育

➤➤ 1.创业

创业在《现代汉语词典》的解释为创办事业。它包括"创"和"业"两个字,"创"是开创、创办,而"业"是事业、业务的意思。"创业"一词由来已久,对它的内涵有很多不同看法,总体上可分成广义和狭义两种。大致上看,狭义的创业专指创办企业,而广义的创业泛指开创事业或包含创新的行为。广义的创业几乎无所不包,小到生产线上的一项具体改进,大到航天计划的实施。狭义的创业可以基于创新,也可以基于模仿。在创业实践中,模仿创业远远多于创新创业,因为市场中的任何竞争都是在少数先动者的示范下,大量后动者模仿加入形成的。

有些研究者把创业定义为"创业是在文化、经济、政治等领域内的行为上的一种创新,创业者通过所提供的可开发的新拓展空间,并对此机缘与时机予以充分摸索和探求的行为"。还有部分研究者认为"创业是一种创新活动,其实际是自给自足的拓展并运营一份事业,其中通过拓展、探索和机会捕捉,使某些未知的产品和服务,从此脱颖而出或是被创造出来,同时这份事业能得以稳健发展、迅速成长的一种思维和行为活动在杰弗里·蒂蒙斯看来,创业的内涵已经"超越企业创建",将各种形式、各个阶段的公司和组织都包括进来,创业既是"一种思考、推理和行动的方法",也是"创造、提高和实现价值,或使价值再生"的过程;创业既是一种生活方式,也是一门人生哲学。杰弗里·蒂蒙斯所称的"创业遗传代码"其实就是创新创业精神,这彻底超越了对创业的功利追求,为重新定位与之相匹配的创业教育开辟了道路。

据经典创业理论认为,创业是实现其潜在价值的过程。是机会或是机遇发现的过程,机会是创业的关键与核心问题,其中知识和决策在过程中扮演着极其重要的角色。首先,创业是一个带有主体性的活动,其主体可以是一个人,也可以是一个组织。其次,创业是一个过程,创业是自己开拓事业,是需要时间和精力的付出过程,也是一个包含一定的创新的过程。再次,创业是建立在一定的财力、物力及智力基础之上的,是需要资金和技术等诸多因素参与和支持的。同时,创业是能给自己或更多的人谋取工作机会的活动过程且是寻求机会的过程。创业的过程，应该是创业者成就一番事业的过程。创业是一种不考虑目前所控制的资源而去追求机会的过程。其实，创业是开创自己的事业，与别人相比不一定是创新，但与自己相比是创新。创业是新产品、新服务的机会被确认、被创造，通过创办新组织、开展新业务的一个创新过程，以至于被开发出来而产生新的财富。创业者们"在不断的变化中创造机会"，创业者们极富有创造力、善于应变、思维敏捷、足智多谋，所有这些描述的核心最后均指向了"创新"二字。创新对创业者而言已不再是奢侈品而是必需品。

创业内涵较丰富，其外延也较宽泛，暂时将创业定义为"承担风险的创业者，通过寻找和把握创业机会或机遇，在社会经济、文化、政治领域内，创造性的整合现有资源，创建新组织、新事业、新企业、新岗位，开展新业务，从而将实现新商品或新服务的机会被确认和创造出来，为大家及社会缔造、产出新价值的全过程"。可见，创业更强调行动层面的创造，创业是指所有具有开拓性和创新性特征，能够增进经济价值或社会价值的活动。创业不仅可以增加就业机会，还能够在创业过程中成就一番事业。大学生创业对我国经济社会发展起着至关重要的作用，不仅成为教育体制改革和高新技术发展的动力源泉，还是繁荣社会主义市场经济和加速我国经济发展的动力源泉，大学生创业不仅可以缓解就业问题，而且还能为更多人增加就业机会，同时也是落实建设创新型国家战略的需求。

▶▶ 2.创业教育

创业教育，联合国召开的"面向 21 世纪教育国际研讨会"指出了"事业心和开拓技能教育"的概念，后被译成"创业教育"。也称"第三本教育护照"。每个人都应该掌握三本"教育护照"，一是能从事学术研究的学术性护照；二是具备创业能力的创业性护照；三是能胜任具体职业岗位的职业性护照。

创业教育大体上可分成广义和狭义的创业教育两大类。狭义的创业教育，被定义为"培养创业者从单纯的求职者转变为岗位创造者过程中，所需要进行的意识、知识、能力、精神及相应实践活动的教育"。主要包含两方面内容，一是"求职"，二是"创造新的就业岗位"。

广义的创业教育是指"培养具有开创性个性的人或人才，这一群体不仅仅要具备首创思维、创业能力、冒险精神、事业和进取心等相关心理素质，而且要有独立工作能力、相关技术、社会交往和相应管理技能的教育活动"。广义的创业教育

"在于为受教育者灵活、持续和终身学习打下基础"。而狭义的创业教育则与增收培训的概念紧密结合在一起,增收培训是为目标入口,特别是那些贫困和不利人口提供急需的技能、技巧和资源,使他们能够自食其力"。这种趋势要求现在的高等学校要将创业教育的目标提升一个新的层次,同时要将其与学术研究和职业教育视为并享有同等重要的地位。

在高等教育领域内,创业教育是将素质教育与创业素质相融合、凝练,培养学生们心理意识、个性品质、专业知识、创业技能,并具有独特功能和体系的一个全方位的系统整合性的教育活动。创业教育从本质上说,通过在对受教育者的创业理念、思维、精神、素养和创业行为等方面的培养,使受教育者能够形成初期的创业管理水平和技能的教育活动,它已经不仅仅是灌输创业知识和培养操作性能力的教育,更重视使学生们步入职场后,更好地满足社会生存需求、更好地促进经济社会的全面发展、更好地提高个人生活质量。

综上所述,创业教育(广义的创业教育)是实施素质教育的重要内容,是素质教育的"具体化在高等学校进行创业教育是我国现阶段高等教育的基本目标之一,同时是为提高学生自身能力、了解对创业过程中的需求、掌握自我创业的方法和途径,从而实现满足社会生存需求、拓宽学生就业门路、适应知识经济社会发展需求和构建国家创新体系的长远大计。

二、创新创业教育的内涵与特点

创新创业教育既强调开发和提高学生的基本素质、创新精神、创造性思维,同时注重创新创业综合素质和实践能力的提高,尤其是自我创业意识的加强及创新操作能力的拓展,使其能够独立自主地去发现问题、解决问题,并提出自己的新观点,同时确立创业意识、掌握创业基本技能和实践能力,进而能够构思和创造有价值的东西,成为国家高素质的社会主义现代化建设者。

这种强调以创新和创业为导向的,以启发性和开放性为基本特征的教学理念及模式,依靠单纯的传统理论教学并不能完成,而必须借助实践经验的长期积累,促使学生从被动适应转换为主动探求和学以致用,从而进行创新设计、创业发展。具体来看,创新精神的培养需要充分发挥学生的自觉性和独立性;创业素质的提升需要通过实践活动的开展;创造能力的培养需要通过理论联系实际,跳出书本和课堂的框框限制。

创新创业教育核心目标不仅是培养学生企业家,更是培养学生开创性精神和能力素质,最终成为具有开创性的个人;创新创业教育在重视挖掘和提升学生们的基本素质、创造性思维、预见能力、创新精神、风险意识、辨别机遇能力的同时,更重视不断提高与之相伴的其他素质和实践训练能力。在教育过程中,特别强调为使其能够在实践活动中独自去发现问题和解决问题并在其中提出自己的新观点、新构思和创造有价值的东西,就要加强自我创业意识和展示创新操作能力,进而成为具有较高素质的社会主义现代化建设者。

在创新设计、创业发展中,依赖单纯的传统理论教学早已不能实现,必须着重加强创新和创业作引导,借助长期积累的实践经验,促进学生成为自主创新的探求者。

创新创业教育实现了知识教育和智慧体悟、教育民主化与个性化、解决生存问题与提升生活意义的有机结合。它是"素质教育的具体化,是素质教育的题中应有之义,更是对素质教育的新指认"。创新创业教育所涵盖的基本素质是受教育者全部素质培养中最重要的部分,也是素质教育极为重要的部分和落脚点。通过充分发挥学生的自觉性和独立性来培养学生的创新精神,通过开展实践活动来提升创业素质,通过理论联系实际满足社会对创造能力的培养需要和适应市场经济的需求。

相比传统的教育模式,创新创业教育主要有以下六个特点。

第一,更注重学生创新创业意识的培养,引导学生从"被动适应社会"的求职者转变为"主动适应甚至挑战社会"的建设者。

第二,强调系列课程体系的开发。针对创新创业内容,开设创业家养成、创业规划与经营管理、新企业创立和创新、新事业开发、创新活动管理、新兴企业融资、企业成长战略等课程。

第三,注重通过模仿等实战形式使学生获得更多的感性体验。创新创业教育方式可以通过开办各种创新创业计划和竞赛,在实践中让学生全面接触创新全过程和创业的乐趣与意义。

第四,以厚实的学术研究为支撑。创新创业教育方式要求高校具备各类创新研究中心或创业中心等机构,为前沿课题的学术研究提供平台。

第五,能够直接诱发师生的创新创业活动。通过创新创业教育的开展,为师生提供创新的方向和途径,提高新公司的创建率,从而为经济发展做出更大的贡献。

第二节　创业教育的性质和目标

一、创业教育的性质

从科学属性上看,创业教育实际上是大学生全面素质教育的一部分,它不同于知识教育和能力教育,而是两者兼而有之的素质教育,同时创业教育也是一种使人的素质不断提高、不断深化的终身教育。

(一)创业教育是深入和具体化的大学生素质教育和创新教育

素质教育是以提高全体国民素质为目标,以促进全面发展为宗旨,以育人为根本,以因材施教为方法的一种现代思想、现代教育模式。它的内涵是面向全体学生,全面提高学生的基本素质,培养学生的创新精神和实践能力。"素质"的要旨包括两点:一是必要的知识和能力;二是使它们更好地发挥作用的东西,即做人的本领。创业需要综合素质,特别需要高素质的人才。因此,创业教育是建立在素质教育基础上的新型人才培养模式。创新教育是以培养学生创新精神和创新能力为基本价值取向的教育,相对于素质教育而言,创新教育是高层次的素质教育。

可以这样说,创新是建立在创造结果的基础上,并以此为依据对某一具体认识领域的再认识和再发现的过程,创业则是在创新的基础上,把创新应用于技术、制度、管理等方面。因此,创业教育是建立在素质教育和创新教育的基本之上,它和素质教育、创新教育的内容和方向是基本一致的。但创业教育又不止于素质教育和创新教育,创业者不仅要具有科学家、发明家的基本素质,而且要具有企业家和社会活动家的基本素质。创业需要一个人各方面综合素质的全面完善。进行创业教育,实际上就是把素质教育、创新教育推向深入、推向具体的一种教育模式和教育方法。

创新教育是以培养学生创新精神和创新能力为基本价值取向的教育,其目的是培养和造就高素质的创造性人才,以适应社会发展的需要。创业教育主要是培养学生科学的创业意识,正确地选择创业目标,全面提高创业能力。创业不仅涉及到人与自然的关系,更涉及到人与社会、人与人之间的关系。因此,具有创业能力的人,不仅要具备科学头脑、经济头脑,还要善于管理、善于协调处理各方面的关系;并能用法律、法规和政策来规范自己的行为和保护自己的合法权益。也就是说,创业教育比创新教育的内容更为丰富。

(二)创业教育是一种使人的素质不断提高、不断深化的终身教育

创业教育并不是让所有的受教育者都成为企业经营者,它的着眼点在于,培养全体受教育者的创业精神和社会责任感,提高他们的开拓能力,使受教育者终身受益,这一点与终身教育的特征有异曲同工之处,就是说创业教育是一种使人的素质不断提高、不断深化的终身教育。

创业教育落脚点是社会实践性,创业教育的基本内容决定了创业教育除了要使受教育者形成良好的心理素质和个性特征以外,还要使他们具有较强的实际工作能力和动手操作能力,使之成为未来社会的强者和创造者。从这个意义上来说,创业教育的功能就是培养人的终身发展能力,使其学会学习、学会做事、学会合作、学会生存,所以说创业教育是人的终身教育。

二、创业教育的目标

培养具有创业意识、精神和创业能力的开创型个性的人才是创业教育的培养目标。多数人一谈创业教育,马上想到要开办公司,这种认识是偏颇的。诚然,创业和办公司有关,但创业教育不是教学生都去开公司,主要还是培养他们的创新思维、创造精神、创业意识和能力。

长期以来,在我国高等教育的培养目标中,比较重视知识的掌握和技能的训练,强调人才对现实社会环境的被动适应,这种适应要求学生对外部环境进行削足适履般的自我调整,很少考虑人才对社会环境主动适应的问题,即充分发挥人的主观能动性和创造潜能,对社会环境加以改造。应该承认,这种人才观在劳动力供不应求的社会条件下,对维护社会的稳定、促进社会的发展是有益的;但是,一旦劳动力供过于求,它的优越性就难以凸现,对社会的稳定与发展有可能起到阻碍甚至破坏作用。

创业教育反对传统的压抑个性的教育理念、教育模式和教育方法,要求学校和教师在教育过程中特别注重对学生创新意识和创新能力的培养,要让学生能够充分展示自己的个性和能力,独立自主地发现问题、思考问题和解决问题,以便使

学生在毕业以后更容易地融入社会,开创自己的事业。

中国为了更好地在世界这个大舞台上寻求契机、迎接挑战,适应当今日新月异的全球经济社会,党和国家对高校的思想教育工作也提出了进一步的要求。

新的时代要求我国高校思想教育工作要把大学生的素质全面发展和综合能力不断增强作为培养目标,在日常的教学活动中要勇于创新、循循善诱,提升大学生的思想道德素质和科学文化素质。无论是社会教育还是学校教育,它们同时通过一定的手段与方法,把人类社会发展所积累的经验与知识传授给它的继承者们,提升青少年对技术知识的兴趣,培养他们进入社会所需要的基本技能,使他们德、智、体全面发展,只不过实现方式不同而已,社会教育主要是通过社会实践来完成的,而学校教育以课堂教学作为主要方式。

随着社会文明的进步和社会经济的发展,对高校大学生的思想教育工作已经融入了广大师生们的日常生活中,思想教育所蕴含的内容在不断丰富与深化,通过实践来完成教育活动的形式正在被逐步地普及开来。

第三节 创业教育的内容体系

一、创业教育内容体系理论部分

(一)培养创业意识

要想培养大学生创业意识,首先应该使大学生明白创业的重要意义。

应从两个方面来探讨,一是创业对国家发展、社会进步的意义。国家的繁荣富强需要依靠一大批优秀的企业,企业强于世界则国家强于世界;同时,我国现阶段社会经济的发展现状,尤其是大学毕业生就业现状,迫切需要大力发展创业,大力发展大学生创业,使大学生从就业岗位的需求者转变为就业岗位的提供者。二是创业对个人发展的意义。大学毕业生通过自主创业,可以把自己的兴趣与职业紧密结合,做自己最感兴趣、最愿意做和自己认为最值得做的事情。在五彩缤纷的社会舞台中大显身手,最大限度地发挥自己的才能,并获得合理的报酬。在创业过程中不断提升人生价值。创业的过程,是一个梦想逐步实现的过程。

所谓创业意识,是指在创业实践活动中对人起动力作用的个性心理倾向,包括创业需要、创业动力、创业兴趣、创业理想、创业信念和创业世界观等。创业意识集中表现了创业素质中的社会性质,支配着创业者对创业活动的态度和行为,规定其态度和行为的方向和力度,是创业素质的重要组成部分。创业教育的首要任务就是使大学生树立独立自主、艰苦奋斗、勇于竞争的创业意识。创业意识的培养也是高等院校创业教育最重要的内容。培养创业意识实质上就是让受教育者"愿创"。当代大学生应该树立这样的意识,创业也是就业,是更高层次的就业。

(二)创业、创业的来源和类型、创业机会评价

创业是不拘泥于当前资源约束、寻求机会、进行价值创造的行为过程。创业的主要来源是创新。现实中的创业奇迹往往是创业者大胆创新、创造机会的结果。努力训练学生用创新的眼光和思维,对待一切。使大学生学会使用敏锐的机会洞察力和创意思维寻找、考查、思考生活中的创业机会。同时应使大学生明白,创业的类型主要有机会型创业和生存型创业,大学生创业教育主要讨论的是机会型创业。另外,大学生创业教育还应着重培养大学生对创业机会的识别和评价能力,使大学生在发现创业机会的基础上,还要能够识别创业机会,正确评价创业机会,防范、降低和规避创业风险。

(三)创业知识、精神与创业技能

创业知识主要解决"怎样干"的问题。它主要包括创业如何起步、创业目标的确定、创业信息的收集、企业的人际交流和创业形象的确立等。这需要学生构建创业知识的网络体系,要鼓励大学生学有所长,熟练掌握专业知识和技能并有所创新。但仅有专业技术特长却不懂管理不通世故也不能获得成功。因此,除了专业知识技能外,还应该具备一些相关知识如经济学、企业管理、文史、心理学、社会学等知识。了解商务谈判的过程及技巧、公共关系运作的要素和手段等,以此驾驭市场、抓住消费者的心理。

创业精神是指创业所需的积极探索、勇于创新、知难而进、艰苦奋斗的精神。创业精神是创业教育的核心内容。创业精神是创业者在创业过程中重要行为特征的高度凝练,主要表现为勇于创新、敢当风险、团结合作、坚持不懈等精神气质。

它的核心内容就是创新精神的培养、冒险精神的培养、合作精神的培养、敬业精神的培养、学习精神的培养、吃苦精神的培养、坚韧精神的培养等。大学生创业教育最重要的就是培养大学生的创业精神。创业教育的目标不一定要使每个大学生都创业,但一定是使大学生都具有创业精神,使创业精神成为一种遗传密码,一代一代遗传下去。

创业者必须具备创业精神和意识、创业心理品质、创业技能和创业能力等五方面的创业基本素质,才能成为有胆有识的适应市场竞争要求的经营者,才能既创造社会财富,又创造就业机会。国家教委副主任柳斌对此做了科学的概括:"在人的全面素质中,不仅包含思想素质、基础文化素质、技术和职业素质,还包含创业素质;不仅德智体全面发展,而且应是社会主义现代化建设的开拓者、创业者,而所谓创业者,不仅要能创个人、家庭之小业,而且要壮大集体经济、促进社会经济发展,为祖国繁荣富强创大业,这就需要我们的新一代具有层次更高、综合性更强的创业素质。"

创业技能是指在创业过程中所需要的具体的、实践操作性的、可习得的技术本领,通常来说,创业过程中所需要的技能主要有以下几种:正确的市场调研技能、详细的撰写计划书技能、基本的财务预测技能、商务沟通与谈判技能、基础的市场营销技能。

(四)创业品质

创业品质即创业心理品质,它是对创业者的创业实践过程中的心理和行为起调节作用的个性心理特征,它与人固有的气质、性格有密切的关系,主要体现在人的独立性、敢为性、坚韧性、克制性、适应性、合作性等方面,它反映了创业者的意志和情感。

培育创业心理品质,即创业人格教育是创业教育培养目标的最高层次。这一目标的实现可能延续到学生走向社会后的一定时期。培育创业心理品质,高校的任务就是要引导大学生建立科学的世界观和人生观,培养乐观向上、乐于奉献的精神,克服没有目标、缺乏恒心的消极心态。通过创业品质的培养,让学生以健康向上的心理状态走向社会。

(五)创业能力

创业能力是创业成功的重要因素。创业能力,就是具有创业的基本本领,是创业精神的直接结果和具体体现,包括具有较扎实的基础知识、基本技能、有较宽的知识面、较强的实践能力和一定的实践经验等。创业能力的形成与发展始终与创业实践和社会实践紧密联系。创业是一种复杂的劳动,需要创业者具有较高的智商和情商。成功创业者应具备多方面的综合能力,既有优秀人才普遍性的一面,更有其特殊性的一面。创业能力是一种以智力为核心的具有较高综合性的能力,是一种具有突出的创造特性的能力,创业能力包括专业技术能力、经营管理和社交沟通能力、分析和解决实际问题的能力、信息接受和处理能力、把握机会和创造机会的能力等。

(六)创业资源

创业资源是指创业过程中用到的全部资源的总称。这里主要有三类资源:人力资源,用于创业团队的构建;技术资源,用于核心竞争力的体现,这也就是创业的根本出发点和创业依据;资金资源,属于创业融资的来源。

创业资源即围绕这三类资源展开讨论。

▶▶ 1. 人力资源

首先,应该让学生明白创业团队对于创业成功的重要意义。其次,让学生了解团队的概念,让学生明白创业团队是团队而不是群体。团队中成员所作的贡献是互补的,而群体中成员之间的工作在很大程度上是互换的。

创业团队是由两个以上具有一定利益关系、共同承担创建新企业责任的人组建形成的工作团队。与个体和群体相比,团队创业具有多方面的优势,对创业成功起着举足轻重的作用。最后,让学生学习一些团队管理的方法,让学生明白创业团队领袖是创业团队的灵魂,是团队力量的协调者和整合者。

▶▶ 2. 技术资源

这里所说的技术资源主要是指创业的出发点和依据,也就是说依靠什么创业?这其实就是创业的核心竞争力。如果是一个高科技公司,那么你的技术资源一定是你的高科技技术,可能是以专利的形式体现的;如果是一个商贸公司,那么你的技术资源可能就是你先于别人发现的商业机会;如果你从事的是一个无法复制、独一无二的事业,那么你的技术资源就是你的自然禀赋。这一切,不论以什么样的形式存在,都构成了你的核心竞争力,是创业的根本出发点,如何利用好你的技术资源及维护好你的创业资源是创业成功与否的重要因素。

>> 3.资金资源

资金资源是大学生创业中最难获取的一种资源。这里主要让大学生了解创业融资的相关理论和渠道及创业融资渠道的差异。让学生掌握创业所需资金数额的测算方法,只有正确测算创业所需资金,才有利于确定筹资数额,达到降低资金成本的目的。使学生了解创业融资的一般过程。

(七)创业计划

创业计划是创业的行动导向和路线图,既为创业者行动提供指导和规划,也为创业者与外界沟通提供基本依据。创业计划主要包括初期的商业模式开发和创业计划书的撰写。商业模式开发是创业企业未来战略性的架构,主要包括业务模式,企业向客户提供什么样的价值和利益,包括品牌、产品等;渠道模式,企业如何向客户传递业务和价值,包括渠道倍增、渠道集中或压缩等方面;组织模式,企业如何建立先进的管理控制模型,比如建立面向客户的组织结构,通过企业信息系统构建数字化组织等。创业计划书是创业者计划创立的企业的书面摘要。它用以描述企业相关的内外部环境条件和要素特点,为企业的业务发展提供指示图和衡量业务进展情况的标准。

>> 1.商业模式开发

使学生认识商业模式的本质,了解战略与商业模式之间的关系,掌握商业模式设计和开发的思路,明确开发商业模式的关键影响因素。商业模式和具体的创业计划相比,可能更多的是指形而上的架构,而创业计划则是指具体的形而下的操作步骤。

>> 2.创业计划书的撰写

使学生了解创业计划的基本内容及其重要性,认识创业者在创业过程中准备创业计划书的原因,了解创业计划书的基本结构、编写过程和所需信息等,掌握创业计划书的撰写方法。通常创业计划书是市场营销、财务、生产、人力资源等职能计划的综合。

二、创业教育内容体系实践部分

(一)新企业的策划

也就是创业前的准备,整个过程包括:首先发现创业机会,其次进行创业项目的评价,再次组建创业团队,之后开发商业模式,然后编写创业计划,最后筹集创业资金。

具体流程:创业机会的发现—创业项目的评价(评估)—创业团队的组建—创业模式的选择—创业计划的编制—创业资金的筹集。

这个模块主要运用两类案例,一类是成熟案例,给学生讲解分析,使学生了解和体会整个过程及整个过程中的关键点;另一类是开放式案例,让学生积极讨论,老师只进行点评,没有标准答案,让学生自己体会、判断各种观点的利弊。

(二)新企业的开办

这个模块主要是指企业注册开办的流程,现在企业注册开办操作流程有专门的中介公司来做,所以我们给学生简单讲一下每个步骤的意义和依据就可以了。新企业的开办流程:工商登记注册→刻制企业印章→申请企业代码→开设银行账户→税务登记。

(三)新企业的管理

企业成立之后就要对新办企业进行管理。由于新企业各方面都不成熟、稳定,对它的管理就是使其逐步稳定、成熟的过程。

那么,对于新企业的管理最重要的就是以下几个方面。

第一,销售管理,所谓销售管理,就是对产品或服务的管理,是市场营销的一部分,主要考虑的是如何让产品或服务尽快的进入市场、占有市场,这是新企业继续生存的前提。

第二,技术管理,这里的技术管理就是企业的管理,也就是对企业核心竞争力的管理和维护问题,如专利、商业机会的保护、自然禀赋的维护等。

第三,人力资源管理,主要指的是创业初期创业团队的管理,因为在创业初期,创业团队的协调和沟通非常重要,创业团队管理的重点是在维持团队稳定的前提下发挥团队多样性优势。如果一个企业创业还未成功就出现了创业团队的分崩离析情况，那么对这个企业的打击将是致命的。当然，也包括一定的创业初期招聘员工的管理问题。

第四，财务管理，初创企业的财务管理问题，应该主要是现金流量的管理、目标资本结构的确定、存货的规划与控制等问题。

第四节　创新创业教育的特征和功能

每一种教育理念和模式的产生都是基于深刻的时代和社会背景，同时也有其深厚的理论基础。

一、主体教育理论

简言之，主体教育理论是指依靠主体来培养主体的教育，它强调学生的自主性、主动性和创造性，终极目标是使每个人得到全面、自由、充分地发展，因而是创新创业教育的基本理论依据。

其具体内容包括以下三个方面。

(一)教育主体

教育本身具有自我能动性和相对独立性，这种开发式的独立性与社会、企业组织和个人有着全面联系，同时又随着现代化教育理念的发展不断加强，它要求我们以教育本体的形式，按照教育规律来进行对待，同时不能将其封闭在象牙塔里，但也不能不顾社会、企业和个人的现实需要去自我发展。

(二)受教主体

受教主体即接受教育的学生主体。学生个体的身心全面发展和个性化发展永远是在外部环境与教育因素作用下自我主观能动的充分发挥，因而主体教育理论等其他现代教育观的核心便在于：要把学生作为社会的主体来进行培养，发挥其潜能，确认其主体地位，而不是将其作为社会的客体来进行被动塑造。尊重学生的主体地位，体现在充分认识到学校和教师是为学生发展服务的；发挥学生的主体能动作用，则体现在教师要充分调动学生主动学习的积极性，将学习的主动权还给学生,并加强其学习的责任感,以主体性发展来带动其各方面发展。当学生主体能够独立生活、独立学习,并追求独立研究能力的增长时,他们就必将成为世纪所需要的创新型人才。

(三)施教主体

施教主体即学校和教师群体。教师在教育活动中的主体性相对于学生主体更为完善和强烈,但我们并不能将二者的关系理解为主动和被动或主体与客体的关系。主体性教育理论首先要求确立施教者的主体地位,只有具有充分主体地位的老师,才能教育出具有丰富主体精神的学生,而学生的主体性是否得到充分发挥和发展也成了检验施教者主体性高低的根本标准。

从价值论角度看,主体教育理论作为一种教育价值观,是从人作为社会生活主体的角度来理解教育本质和功能的,它强调教育的最高价值是人类本身,并体现了人性论中学生作为成长主体,会具有一定主体性,同时还需在受教过程中不断培养和提高的观点,该理论的基本价值立场是应将学生培养成未来社会生活的主体,弘扬其主体性,同时采取发挥施教主体和受教主体的主体性的基本策略来培养高创造性的人才,该理论还以某种教育形式在多大程度上弘扬了人的主体性,并促进人类个体及整个人类社会的发展为依据,来对其做出价值判断。

二、个性教育理论

尊重和发展个性成为 20 世纪 70 年代以来世界教育改革浪潮中的主流,几乎所有国家都将其作为教育现代化的标志和方向,个性化教育已然成为当今世界性的教育思潮。

主体性教育理论强调教育主体的主观能动性,而个性化教育理论则强调教育主体的差异化和个性化。每个人会由于遗传特征、性格倾向、所处环境、所受教育、成长过程及自身努力程度等因素的影响,存在个别差异,个性化教育承认受教者,即学生个体在智力、思维、心理、情感、生理和社会背景等各个方面所存在的这种差异性,并依据这些个别差异和受教者的身心发展规律,通过在教育的各个层次中体现其良好鲜明的个性,来有针对性地制定因人而异的教育方式和内容,开展个性化教育,使教育模式和方法适应受教者的个体特性,从而促进每个个体都能突出发展期良好的个性,同时有益于其他各项能力,如想象力、创造力和思维能力的挖掘,使其全面发展。

个性教育理论要求施教者善于寻找和尊重每个学生优良的独特个性和素质,使之得到创造性的自由发展,并能抑制和克服学生的不良个性品质,同时打破统一僵化的教学模式,重视因材施教,实现教育的个人化、特色化、区别化和多样化,鼓励学生各显神通,最有效的开发其个性潜能和创造性,充分发挥其天赋、兴趣、爱好和特长,从而为社会做出更大贡献,最终实现个人价值。

个性的发展同主体性、自主性一样,是产生创造性的基础,教育的根本价值在于为社会培养出有个性和创造性的人才,单调统一、毫无特色可言的教育模式会抑制创新欲望的产生,无法提高创新能力,甚至导致刻板、没有创造力的行为模式。

传统的应试教育,忽视学生的天赋和个体差异,将文化知识传授放在首位,以升学为唯一目标,而不注重学生的个性发展,甚至扼杀学生的特质、兴趣和特长,违背了学生个性发展的规律,同时也违背了社会发展的需要。社会的飞速发展和现代科技的进步对人的个性方面提出了更严格的要求,只有充分培养学生的个性化才能,才能满足社会生产、生活等各个领域发展的人才需求。

创新创业教育本身对独特个性的尊重尤为重视,因而只有以个性教育理论为依据和基础,从学生的个性发展出发来设计教育内容、模式、方法和制度,培养学生的独立人格、充分发掘学生个体的聪明才智和个性才能,才有可能发挥其原本优势,使学生能更自觉、更充分、更主动地全面提升其自身的整体素质,防止教育的窄化、僵化、浅化和庸俗化,培养出更多各种各样的社会发展所需人才,以适应未来社会的竞争。

三、全面发展教育理论

基于马克思主义关于"人的全面发展理想"的学说,来审视我国社会主义教育的目的。由此可见,全面发展教育理论成为了我国教育改革的主要指导方针。

该方针主要从以下两个方面来理解人的全面发展。

一是人的脑力劳动与体力劳动相结合,实现通常所说的德育、智育、体育、美育和劳动技术教育全面发展。

二是一个完整个人所具有的才能和品质都能得到和谐充分的发展。社会对人才的需求是多种多样的,多样化的全面发展的人才才能满足社会各项建设事业的发展。

结合个性化教育理论,由于每个人会具有一定的差异性,因而在教育过程中,针对处于同一发展阶段的受教主体,既要考虑全面发展的相似性,又要结合各自的个性差异。

传统教育观的最大弊病是忽视了学生个体的发展。施教者将学生视为没有思想、情感和辨析力的"两脚书橱"和"知识容器",只是一味地根据自己的想法和偏好来传输各种知识,这必然会影响学生潜能的发掘和全面发展的实现,同时还会严重遏制学生创新能力的提升。而全面发展教育理论则要求学校及教师着眼于学生的发展,遵守学生的身心发展规律,通过各种教学方式为学生的全面发展提供条件、创造环境,使其在学习和掌握各类知识的同时,形成自我养成,并通过有效的社会实践和训练,促使学到的知识逐渐内化为其自身相对稳定的思维方式和行为习惯,达到理解和运用知识,并最终促使其实现个体全面发展,成为能够适应未来社会发展的会生存、善学习、勇于创新的复合型人才。因而,从这个角度看,个性教育理论不仅是全面发展教育理论的题中之意,还是一种更高层次的全面教育表现形式,二者并不排斥,而且还要相互结合,形成个人、个性的全面发展。只有这样,才能促使学生在发展个性才能的同时,实现整体素质的提升。

不同的教育理念和模式既能产生培养创造精神的力量,也可能会压抑创造精神的培养。对于创新创业教育而言,它强调的是在受教者可持续发展的基础上,实现其有个性差异的全面发展,不仅要促进其在德、智、体诸方面得到较全面的发展,而且要结合其自身个性特点,促进他们获得相对于自身而言最好的发展,具体来看:在培养和保持受教者的创新精神和创造力量时,还要考虑其在真实的工作生活中的需要;在进行知识文化传递的同时,不用现成的观念模式去压抑其个性化想法;在鼓励其发挥天赋、兴趣和能力时,不助长其盲目的个人主义;密切关注每个施教者的独特性,不忽略创造和创业意识的培养。

总之,创新创业教育是在这些深刻和宽厚的理论基础上形成的一种反映时代特征的教育理念和模式,并成为指导我国当前高校教育改革实践的方针和依据。

第五节　创新创业教育的文化基础

一、文化是创新创业教育的基础

英国学者泰勒指出:"文化或文明是一个复杂的整体,它包括知识、信仰、艺术、道德、法律、风俗及作为社会成员的人所具有的其他一切能力和习惯。"这一文化认识内涵外延比较广泛。从创新创业教育的视角,我们提出,文化是指一切有助于创新创业教育的观念、理念、精神、行为规则、制度及其与之共生共存的各种物质因素的总和。

文化是创新创业教育的基础,这是被大量实践和研究成果所反复证明的科学结论。以国家而言,美国被公认是创新创业教育最成功的国家,这从发达的教育、领先的科技和丰硕的创新创业成果得到充分证明。

二、创新创业教育文化的构成元素

关于创新创业教育文化的构成元素,不同的研究者可能有不同的看法,会众说纷纭。但是,从有关的典型成功案例和经验来看,公认最多的元素主要有:创业精神、质疑权威、容忍失败、国际化多元文化、"动手做"等。

(一)凸显创业精神

创新创业教育首先应该突出创业精神。创新与创业二者紧密相连,但又不同。创新是基础,创业是创新的应用和延伸,是使创新变为产业,进入市场,转化为生产力。创业精神就是指创业的意识、志向和追求的综合。大学生、研究生应该有创业的精神,上大学、读研究生,不仅仅是找到好的工作,更主要是为了创造新的就业机会、岗位、产业,不仅解决自己的问题,而且还能与别人一起创业,解决更多人的就业、创业问题。这种创业精神长期被推崇、崇尚和培养,经过实践和典型案例的积累,形成一种文化,融入学生的精神世界中。

创业精神文化建设最成功的范例之一是著名硅谷的引领者斯坦福大学。这是一所典型的创业型大学。这一点在其创办者老特拉福德那里就得到了强调,在首次开学典礼上,他说:"请记住,生活归根到底是实际的,你们到此应该是为了给自己谋求一个有用的职业。但也明白,这必须包含着创新、进取的愿望、良好的设计和最终使之实现的努力。"这一番话推动斯大福大学成为创新创业型大学,使斯坦福学人成为创新创业之人。在斯坦福大学,所强调的是要培养创新创业的学生,教师必须首先成为创新创业的人。于是,斯坦福大学的教授们在教书育人中,高度重视科研创新,并善于把创新的成果用于创业,于是产生了大量教授企业家。例如,电器工程学教授林维尔,他本人在好几个公司兼职。1971年他与别人共同创办了遥感系统公司,专门制造视觉和触觉结合的转换器,被广泛用于盲人电子式阅读。创新创业型的教师培养出了大学生创业家。驰名世界的苹果电脑公司,就是由两位年轻的大学毕业生乔布斯和沃兹尼克创办的。总之,创业已经成为斯坦福大学的一种重要文化。

(二)质疑权威

创新创业是从对现实存在的质疑开始的,因为有质疑,才会设法努力解疑,用新的更好更完美的东西代替现存的东西。

质疑权威,包括三个方面:一是对现存物的质疑,二是对现存人、特别是现存物的创造者的质疑,三是对诸多不可能、不可行的质疑。三个方面的质疑,在一代一代学生中生根、发芽、结果,逐渐凝练成一种文化,这种文化就成为创新创业教育的基础。

美国的硅谷既是创新创业的典型样板,又是创新创业教育的良好学校和教材。硅谷的研究者得出:"硅谷模式可以用以下三句口号来概括:质疑权威不同凡响改变世界。"从一定意义上说,硅谷的历史在很大程度上"是一部年轻人的文化史",因为在硅谷发展史上两个最人的科技浪潮(个人电脑和互联网)和金融泡沫(网络公司热)都是年轻人创造的。而年轻人正是从"质疑权威"开始的。

(三)容忍失败

创新、创业是一项高级创造力劳动,向未知、新的领域开拓、探索,常常经历一次、多次,甚至无数次失败,才能取得成功。支撑创新、创业最终走向成功的力量源泉是容忍失败的文化。容忍失败,就是要不以成败论英雄,就是要包容、关怀失败,帮助总结经验教训,支持继续开拓、探索。这些观念、理念和做法凝练成一种文化,融入创新创业教育的言行中,成为一种影响力无比大的正能量。

容忍失败的文化,在美国硅谷得到充分验证。研究者们得出:硅谷能成功,是因为它鼓励明智的失败。一个基本的理念是:"失败是常事","失败可以创造机会和更好的创新"。世界上几乎没有像硅谷那样宽容失败的文化,那里的信条就是经历失败并从中学习的人,才能成为优秀的企业家和管理者。这种容忍失败的文化应该成为创新创业教育中的重要文化元素。在这一点上,MIT又给我们提供了范例。研究者在总结MIT创新创业教育的文化时,突出地指出了这一点:对创业失败的宽容是 MIT 创业文化中的重要因素,失败被认为是对成功的一种尝试与经验积累。MIT 在创新创业方面并不是百分之百成功的,有许多失败的案例。这些失败并不算什么事,只能激励着失败者投入新的创业。失败是一种宝贵的财富,能使后来者节约大量的成本,获取创业的灵感,如不包容失败,真正的创新也不可能再有。正是有了这一文化元素,MIT 的创新创业才取得了巨大成功。

(四)国际化多元文化

在经济全球化时代,产业转型升级必然突破国际界限,使世界经济成为一个联动的整体。在这种背景下,创新、创业的标杆参照必然是世界共同的。由此,创新创业教育也必然突破一所学校、一个区域、一个国家的界限,成为一种世界性的教育。而世界性的创新创业教育赖以成功的原因是不同国家的多元文化,这种多元文化是创新创业的源泉。

一般认为美国人是世界上最富有创新创业精神的群体。但实际上,美国人的创造性来源于国际移民带来的多元文化。美国人的发明创造,很多不是来自于出生在美国的美国人,而是来自移民。远到 19 世纪发明电话的亚历山大·贝尔,近到互联网时代的杨致远和布林,都是第一代移民。创新创业的风险投资机构非常愿意把资金投给第一代移民,因为这群人最富有冒险精神并且有最强烈地通过努力提升自己的社会地位的意愿。所以,要创新创业,需要发展和发挥自己人的创造力外,更需要将世界上富有创造性的年轻人吸引来。研究表明,硅谷熟练的科学与工程工作者中 1/3 是国外出生的,其中印度人和华人占多数。

(五)"动手做"的文化

创新、创业是高水平的脑力劳动,但仅有脑力劳动,只能产生创造性的观念、设想、设计等,还不能变为现实,产生实际的作品、产品、产业等。要实现后者,就必须做到"动手做",既要动脑想,又要动手做,手脑并用、知行结合。从创新创业教育来说,动脑想固然重要,更重要的是动手做。这在美国创新创业教育的成功范例中得到充分证明。在那里,"想"是为了"做"而"想","做"是把"想"进行到底,是对"想"的完成。这种理念经过一代代人的凝练传承,形成了一种文化,扎根于教师与学生心中。由此,我们认为,进行创新创业教育,必须创造一种"动手做"的文化。我们再把研究的目光聚焦到硅谷这个创新创业的典范。研究者得出:"传统的观点总是强调硅谷发展得益于来自大学的技术转移,特别是经由初创公司实现了商业化进程。这当然起了重要作用,但技术发烧友们也起到了同样重要的作用。发烧友们代表着一种对新奇技术的小玩意儿和自己动手的激情。这是美国精神的一部分。"由此可以看出,硅谷的成功除了有先于他人的创新性"想",更有创新性的"动手做",把研究成果和技术转化为做出来的产品,形成一种产业,发展成一个大企业。这种"动手做"在硅谷百年历史发展中成为一种取得成功的必不可少的文化。

"动手做"的文化在 MIT 中也体现的非常突出。在 MIT,"心和手"是座右铭。这一座右铭要求教师学生把创造性思考、思想与动手操作紧密结合,把新的观念、创意、设想、设计,通过动手操作变为现实,转化为创业的机会、岗位或产业。于是,教师与学生把自己的研究紧密与工业、产业结合。最初,MIT 主要通过企业咨询、专利技术转让、直接参与创办企业等方式与实业界紧密结合。为了促进这种"结合",MIT 建立了专门的"产业联盟部门",来促进教学科研与产业界的联系与合作。后来,MIT 开始向企业提供发明专利,以专利为资本直接参与到企业发展之中。再后来,MIT 的教师与学生们开始以各种形式直接创办企业,开创自己的创业生涯,并由此形成了 MIT 特有的创业文化。这种文化意味着:"作为 MIT 的一员,你做出许多创新成果是理所当然的,当你通过创业实现这些成果的价值时,大家才会真正佩服你。"

三、形成有利于创新创业教育的文化

(一)破除旧的消极的文化元素

高等学校创新创业教育改革遇到的旧的消极的文化元素主要有以下几种。

一是重视"劳心者",轻视"劳力者"。有些高校毕业生认为前者高人一等,后者低人一等,因此,大学生、研究生本人及其家长总是希望毕业找到一份"劳心"性工作,不愿从事创新创业性的"劳力"性工作,于是出现"考公务员热""考研热",层层上升,主要目的在于"找到好工作",而不是创造"好工作"。

二是官本位。"学而优则仕"是传统文化关于读书上学的目的的典型表达,"好好学习",其目的在于"做官",而不是创业。这一"目的观"在传统的封建社会有一定的存在理由,但在经济全球化、社会现代化的今天,这一"目的观"显然落时了。现在是多元并举,既是"学而优则仕",更是"学而优则创(业)"。

三是适应现实,不敢冒险。现代的一部分大学生在思想上总是不敢担风险,回避风险,于是,对创新创业将信将疑、思想束缚、胆小怕事。这种文化元素甚至在某些创业成功人士那里也经常听到,诸如:"休学创业要谨慎,不可大力提倡","创业一定要有周密的计划和科学的论证才可行"等。假如都持谨慎态度等事情完全成熟、可行再干,那还叫创业吗? 创业就是从没有中创造出新机会、新岗位、新产业,如果一切都明白确定,那就不是创业了。对创业进行周密计划是必要的,但也不能把它看得过重,因为创一个"新业",总有预想不到的、看不清的事情或环节,如果都弄明白了,也就不是创业了。科学论证有必要,但也不应拘泥于它,因为许多论证常常给出的是否定的结论,而不是建设性的结论,对于创业起不到促进作用,参加论证的"专家"一般都不与创业者同智同心,不可能想到一块。

四是对失败的惧怕。害怕创业失败,缺乏顽强的意志力,这是常见的消极文化心理元素。我国高校教师、学生中这种文化心理元素普遍存在,缺少不怕失败、坚持多次创业、直到成功的意志力。这一点 MIT 就不同。"在 MIT 的校友中多次创业和连续创业是比较普遍的现象……随着时代的推移,MIT 多次创业校友的比例从 20 世纪 30 年代的 33%增长到 70 年代的 52%,MIT 创新创业的基因在他们身上得以深化和发扬"。以上四种旧的消极的文化元素必须破除,创新创业教育才有坚实有利的基础。

(二)走文化立校、文化育人之路

文化是立校之本,是学校赖以存在发展的根源,没有文化,学校就失去了根源。古今中外,成功的高等学校都以独特深厚的文化为根基、为特色,而影响世界。

文化的代表和标志就是大师,各学科门类的大师云集,学问至高,人品至高,是创新创业教育的主力军、引导者;此外就是高素养的学生,不一定考分最高,但热爱学习,立志创新创业,有思想、有理想、有志向。因此,学校抓立校之本的文化,主要抓教师和学生,这两个方面抓好了,学校文化立起来了,学校就有了根基。而对于许多高校来说,这两点正是被忽视的。学校领导主要精力用于搞物质建设,追求"高大上",而对于教师、学生队伍建设则重视不够,甚至忽视,出现了"有大楼""缺文化"的现象。这是在创新创业教育改革中必须认真解决的。

文化育人就是坚持用有利于创新创业教育的文化元素武装学生,陶冶其情感,浸润其心灵,落实到其言行之中。要鼓励和支持学生以创业家、企业家为榜样,为人生的偶像,培养起坚强有力的创业精神;要鼓励和支持学生敢于质疑权威,坚持师生平等、教学相长的师生关系,引导学生善于从现实存在的权威、合理性的权威、不可能性的权威中发现问题,勇于质疑,发起挑战,进行大胆创新、创业;要鼓励和支持学生树立正确的"失败观",不怕失败,善于利用失败,转化失败,使失败生成成功,同时,营造容忍、宽容失败的环境氛围,把创新创业失败者与成功者一样给予尊重、表彰,并且进一步帮助失败者总结经验教训,创造条件走向成功;要鼓励和支持学生通过各种途径接触国际化的多元文化,与外国学生共同学习,切磋学问,互勉创业,以全球化胸怀、国际化视野、多元化、多样性文化交流,来打造创新创业的文化基础;要鼓励和支持学会"动手做",既大胆思考,思想解放,创意泉涌,又善于动手做,把创意、观念、设计转化成产品、作品和产业,把创新与创业有机结合起来。

(三)建立健全创新创业教育的体系

创新创业教育是一项系统工程,有其内在联系的完整体系,涉及创新创业教育的目标设立、观念理念更新、体制机制创新、课程与教学设计、人才培养模式革新、评价标准指标配套、政策保障等,必须综合考量,顶层设计,实践检验,才能奏效。因此,对创新创业教育不能只抓一点,一个方面或一个环节,必须建立起完整的体系,任何环节都不能忽视,更不能缺乏,只有这样,创新创业教育才能开展得起来,见得到成效。

第六节　创新创业教育演化历程与趋势

一、国外创新创业教育的演化历程与经验

(一)美国

美国国家科学基金会先后资助了麻省理工学院等四所高校实施创新教育实验,协助其分别建立"创新创业中心"和"技术创新研究中心"等,以负责技术创新

课程的开设和学生技术发明与新产品开发等实践活动的组织和开展。美国的创新创业教育在这些试点高校的带动下迅速普及开来,上百所大学开始了专门的创造力开发课程的设计和实践计划的制定,美国百森商学院、斯坦福大学、滨州大学、克雷顿大学等相继开设了创业研究中心;首届大学生创新创业计划竞赛在美国奥斯汀德州大学举办,此后,麻省理工学院、斯坦福大学等十多所大学开始每年都举办此类竞赛,并逐渐波及到世界上其他国家的大学中;80 年代中期以后,国家科学基金会也开始逐年加大对工程教育和研究的资助,迄今集中投资了本科生研究能力计划、课程开发综合研究计划、工程教育联合体计划、工程研究中心计划和工科教师见习计划 5 大项目。

▶▶ 1. 完善的创新创业教育体系

美国的创业教育理论研究已有 60 多年的历史,创新教育则更早。创新创业教育目前已经纳入美国的国民教育体系之中,并逐步形成一个完整的社会体系和教学研究体系,其内容涵盖了从小学、初中、高中、大学本科直至研究生的各层级正规教育。创业学和创新学已成为过去 20 多年里,美国高校,特别是其商学院和工程学院中发展最快的学科领域。截止到 2005 年初,美国已有 1600 多所高等院校开设了创新创业学课程,许多还设立了专职的创新创业教育机构,并形成一套比较科学、完善的创新创业教育教学科研体系。

▶▶ 2. 高质量的师资队伍

美国高校不同于其他国家,它在开展创新创业教育时配备了雄厚的师资力量,以保证其有效开展。而且,很多美国大学商学院会聘请那些曾经有过创业经历的教授,或者是那些担任过或现在仍然担任企业的外部董事,他们往往对创业领域的实践发展趋势、创新创业教育社会需求变化有非常好的洞察力。

此外,还会经常邀请那些比较有创业经验的风险投资家、创业家、实业家等参与大学生的创新创业实践项目,当然,主要还是以短期讲学方式,以此为大学的创新创业教育提供鲜活的思维,丰富了课堂教学内容。

▶▶ 3. 系统化的课程

美国高校创新创业教育的课程已趋于系统化,涵盖的范围比较广,包括创业构思、融资、设立、管理等方方面面,涉及的有法律、商业计划书、新兴企业融资、创业领导艺术及教育、成长性企业管理、技术竞争优势管理、家族企业管理、企业成长战略、创业营销等几十门课程。而且,美国还特别注重实践性、应用性,除正式课程外,还包括高校创新创业中心和创新创业教育研究会等的建立;在校园内营造比较浓厚的创新创业文化氛围,并通过创新创业中心与社会建立一个比较广泛的外部联系网络,将各种孵化器和科技园、创业培训机构、风险投资机构、创业资质评定机构、创业者校友联合会、小企业开发中心、创业者协会等连在一起,形成高校、社区、企业互动式发展的创新创业教育生态系统,从而对各类创新创业资源进行有效的开发和整合。

▶▶▶ 4.加强实践教学,提升学生创新创业能力

创新创业教育与各种创新设计和创业活动密切相关,则课堂教学就要求更加趋于实践化,目的就在于让学生在实践中提高自己的创新创业能力。美国比较崇尚个性、个人自由、独立,因此,鼓励通过奋斗获得成功的文化,就成了美国创新创业教育发展的内生环境。

有了这种文化的渲染,美国大学的创新创业教育就顺利获得了来自政府、非政府组织、企业、企业家和校友等全社会的资源支持。如企业设在大学内的中小企业发展中心可以通过举办研讨会等方式随时为准备创业的人提供各类咨询服务。

▶▶▶ 5.资金来源丰富

私人和企业捐助则是美国创新创业教育资金的主要来源,美国政府也设立了专门的国家创新创业教学基金,以资助创新创业竞赛和创业项目、开发创新创业教育课程、奖励创新创业优秀学生等。

▶▶▶ 6.政策支持及社会援助

美国的政府、社会和学校为大学生创新创业活动提供了许多便利的条件,如简便合理的新公司申请手续、充足的资金支持、健全的信用制度、广泛的社会援助等。同时,还设置了比较灵活的教育体制,为大学生创业提供公平的机会和充裕的时间,通过建立一套"政府、社会、学校"相结合的、良好互动的创新创业教育生态系统,为创新创业教育的实现提供有力保障。

（二）欧盟

▶▶ 1. 重视创新创业精神的培训

欧盟国家重视企业家精神、企业创办技能的培养，注重提高现行教育体制，通过将企业家教育、技能教育引进高校教育中来促进创新创业精神的培养。

▶▶ 2. 教育方式灵活多变

欧盟一些国家针对具有创新创业潜力的学生，设计了两个部分的课程：课堂培训和企业实践。前三个月里安排他们系统地学习小企业经营管理技能，后面几周安排学员去企业进行实践。在培训方式上，充分体现课堂传统教学、个人自主学习、生产实习操作、教师个别辅导等多形式的结合。在传授公共知识的同时，还有针对性地提供多次个性化辅导，以为其提供更实际有效的帮助，使他们的创业计划书更加完善、可行。

▶▶ 3. 注重创新创业实践的后期扶持

法国成立了专门的创新创业计划培训中心，在创新创业计划实施过程中为学生提供几个月甚至一年时间的后续扶持，由专家进行贷款申请、场地选择、布置装饰、财会计算及法律合同等实际业务的指导，同时还对计划成功实施后的新办企业经营运作中的问题提供咨询帮助。通过培训中心与创业者之间的相互联系，来协助创业计划成功实现，同时也让中心了解和掌握更多创业进程信息，以对之后的培训指导工作进行改善。

▶▶ 4. 政府的政策支持

欧盟国家创新创业教育成果的实现同样离不开政府的强力支持，主要是依赖以下三个方面的政策措施。

一是通过简化立法及行政规定等，关注新创企业的利益，为其营造好的发展环境。

二是通过增加投入，加大支持力度，促进高校的创新创业教育发展，同时大力支持新创企业发展服务部门的成长。

三是为新创企业及高校创新实践项目创造条件，提供免费培训、优惠的税收政策等其他发展性服务。

除了美国和欧盟国家外,国外其他教育大国同样在积极的发展创新创业教育。首先体现在对创新创业教育课程体系、辅助课程体系及实践项目等的设计与整合,通过学术研讨和讲座、创业项目、提供新创企业孵化器等许多非课程活动来协助课程的开展;其次是创新创业机构的建立,日本一桥大学、韩国仁荷大学等高校均设有创新创业研究中心,并且十分注重与国际的接轨,如选用国外的原版创新创业教材和课程,引进国外知名的创新、创业专家担任创新创业中心的教授,举办国际商业计划大赛等。

二、我国的创新创业教育发展现状

总体上说,我国创新创业教育起源于 20 世纪 70 年代末的改革开放,当时正处于我国教育发展战略转换的过渡阶段,基于建立适应社会主义现代化建设需要,面向 21 世纪国际竞争具有中国特色的社会主义教育体系的总目标,国家开始将教育管理权力下放到地方,扩大高校的办学自主权,以充分发挥中央和地方对教育事业管理的双重积极性,按照中央集权和地方分权相结合的原则,按照解放思想、破除迷信、多快好省为指导方针来通过一系列结构调整与改革措施改变传统管理体制,发展高等教育事业。该阶段开始强调学生的主体地位,重视发挥其主动性和积极性,并对教学内容、方式和方法实行改革,逐步提高教育质量。

20 世纪 80 年代初,创新创业教育思潮由西方传入我国,全国上下开始提倡创造教育,有关创造学、创造教育的书刊相继出版,国家设立了一些高新区,许多省市竞相成立创造学会,创造学类课程在高校纷纷开设,大量的教育工作者开始致力于创造教育,此时提出的创造教育其本质与我们现在提出的创新创业教育是相同的,同样是为了开发培养学生的创新精神、创造力和创业意识及能力等,但整体而言,社会和教育界对创造教育并没能给予应有的重视。

从 1990 年至今,全国性创新研究学术会议至少召开了 30 次以上,90 年代中后期的互联网创业及政府一再推动的科技成果产业化都进一步为我国创新创业教育营造了良好的外部环境。

国家教育部将中国人民大学、清华大学、北京航空航天大学等 9 所高校确定为创新创业教育的试点院校,从而形成了我国典型的几种创新创业教育模式:一种是强调创新创业教育应"重在培养学生创业意识,构建创业所需知识结构,完善学生综合素质",以中国人民大学为代表;二是以北京航空航天大学为代表,侧重学生的创业知识、创业技能。通过商业化运作,建立大学生创业园,为学生创业提供资金资助及咨询服务;三是以上海交通大学为代表,将创新教育作为创业教育的基础,强调在专业知识的传授过程中培养学生的动手能力,注重学生的素质培养,同时应建立全天候开放的实验中心和创新基地,为学生的创新创业提供必要的资金和技术咨询。

由于我国的教育长期以来处于“应试教育”的束缚,传统的教学方法、课程安排、考试制度、评价标准等统一呆板,阻碍了学生主观能动性的发挥和思维的拓展,不利于创新思维及创业意识的培养和开发。同时,近现代以后,我国的整体创新能力也明显逊色于其他一些发达国家,在诺贝尔奖的 96 次评选中,却没有一名中国籍公民出现在这 1000 多人的获奖名单里,而杨振宁等获此殊荣的 6 位美籍华人却能在别的国土上显示其创新才能,这在一定程度上说明,我国目前的创新创业教育仍处于初期阶段,需要从内外部环境着手,进一步完善其相关体制,并采取有效的措施来改革和加强。

三、国内外研究型大学创新创业教育的对比分析

经过专业调查研究可知,针对发达国家研究型大学创新创业教育来说,其特点是:注重培养学生的创新创业意识;开发系列课程;将创新创业教育分类化;通过模仿使学生获得感性体验;以厚实的学术研究为支撑;直接诱发师生的创新创业活动。具体表现为:引导学生从“被动适应社会”转变为“主动适应甚至挑战社会”;围绕创新创业理论、实务和实践三方面的课程;家族创业、新技术创新与创业、大型机构创新和创业;各类创新、创业竞赛的举办;技术创新、创业研究中心的设立;毕业生和教师创建了大量新公司,对经济发展做出贡献。

针对美国研究型创新创业教育来说,其特点是:政府高度重视;开设的课程初成系列;教学方法日渐完善;设立了专门的创新创业教学项目;教材建设初具水平及规模。具体表现为:会议上的讲话及许多政策导向等;创业家养成、创业规划与经营管理、创新活动管理等课程体系设计;教师讲授、案例讨论、师生互动、角色模拟、基地见习、组织大赛等教学方法;开设有创新与创业方向的专门课程与试点班。

相比国外的成功经验,国内研究型大学虽然开始注重创新创业教育,并已取得一定成绩,但依然存在一些问题,影响了其创新创业教育的实施和绩效。

具体问题如下。

首先,学科地位边缘化。目前在研究型大学从事创新创业教育的或是现有的技术经济学科,或是现有的企业管理学科,呈现边缘化趋势。

其次,课程的体系化程度有待提升。据对部分理工科为主的学校进行调查,开设创新类课程的研究型大学较少,开设创业类课程的也比较少,而将二者结合的就更少了。

再次,支撑教学的创新创业学术研究有待系统化和深化。对于创新教育,目前国内研究型大学侧重于研究创新的激励机制、突破性创新、新兴技术管理、复杂技术与产品创新、模仿与自主创新、技术导入与技术学习及技术内化、技术战略、创新战略、创新联盟、商业模式创新、产业创新体系等,相比国外而言,还缺少了对于企业创新体系、创新流程管理的深入研究。

对于创业教育,目前侧重于研究创业活动筹划、新创企业的治理结构、投资者与创业者的信任关系、创投公司的治理结构、投资者的项目与团队选择、连锁经营机制、新创企业风险管理、企业成长性评价等。

最后,还有教学方式上实践教学欠缺、教学对象因校而异、教学内容因师而异等问题。

四、创新创业教育的未来趋势

根据当前国际上越演越烈的经济、文化和军事的综合国力竞争形势,大力发展创新创业教育,培育创新型人才已成为发达国家保持其科技领先地位的重要保障。而发展中国家要在某些领域赶超发达国家,同样在高校实施创新创业教育,培育创新型人才是未来教育改革的重要内容和方向。

(一)教育体系由封闭、统一、刚性转向开放、灵活、柔性

除了学校的教育体系的系列因素外,社会环境同样对学生的创新品质及创业素质具有很大的影响,因而封闭教育形式必将被淘汰,现代教育体系必将与社会、企业等进行更多的信息交流和沟通,为创新创业教育的人才培养目标制定、教育内容、课程体系安排、教学方法设计、人才评价制度等提供指导性的帮助,开放型的教育休制有利于加强学校师生与社会的联系和教育系统各个部分、环节间的沟通,形成学习型的社会和高校。同时,统一呆板、过于刚性的教育体系,必然会与学生的意愿、兴趣相违背,不符合个性化教育理论中因材施教的基本规律和原则,

会抑制学生的个性化发展,不利于其创新意识和创业能力的培养和发挥,阻碍其创新创业行为的开展。因此,在未来的创新创业教育体系设计中,必须要对计划经济体制下形成的封闭、统一、刚性的制度进行深化改革,建立开放、灵活、柔性的,与创新创业教育基本规律相一致的制度体系。

(二)教育制度由集权型转向分权型

根据个性化教育理论,创新创业教育需要针对各高校的实际情况和学生个体的自身特点及条件来因材施教,以为社会培养出个性鲜明,创造性丰富、具有创新能力的人才,从而满足现代化建设的人才需求。国内外创新创业教育的演化历程表明:高校、各机构、教师及学生拥有充分的自主权是成功实施创新创业教育的基础。人们也越来越强的意识到,中央集权型的教育制度在总体而言并不利于创新创业教育的实施,过于集权的体制限制了教育的因地制宜和因材施教。因而,在加强中央宏观调控的同时,逐步将教育管理和办学自主权下方至地方和学校,以扩大其教育职责和权限,充分调动其办学积极性和创新创业教育的激情,增强学校适应社会经济发展的活力将成为创新创业教育体制改革的一大方向。

(三)管理方式由集中控制、消极服从型转向宏观调控、主动适应型

在传统集权型教育制度下,高等教育的主管部门用集中控制的管理方式将高等院校的教育形式、课程安排、学生管理等均纳入其自己制定的各种教育规则范围内,而高校则表现为消极屈从的遵守各项规章制度,这种集中控制和消极服从型的管理方式同样存在于高等学校内的管理部门与各个基层部门及教师和学生之间,并极大地压抑了高等院校、教师和学生在工作学习中的主动性、积极性、创新精神和创业意识,因而,在教育主管部门将权力下放,由集中控制管理形式转向宏观调控的同时,创新创业教育还需要校内各管理部门将事无巨细的过程管理转向目标控制,教师也将赋予学生较大的自主性。

(四)师生关系由权威性转向平等民主型

在传统的教学观念里,师生之间是命令与服从、教授与接受的关系,学生须将教师当作权威来服从,这与创新创业教育的主体教育理论基础相违背,只有在独立、平等、民主的关系中,双方互相负责、尊重、质疑、沟通并交互意见,使学生主动

发现问题、创新问题并解决问题,才能有利于学生的创新意识和创造力的培育,促进学生自由成长和全面发展。因此,教师必须平等对待每一位学生,给予所有学生平等参与的机会,加强每个人的主体意识,在尊重对方的选择和意见的同时,对自己的意识和行为负责。

(五)教育过程、途径、方式、评价转变

目前大部分高校依旧是沿用传统的灌输式教育过程和方法,由学校设计课堂教学课程,教师以课本知识传授为主,而学生以课本知识记忆、背诵为主,学习过程主要靠纪律惩罚来维持。创新创业教育必须突破这种传统教育方式,转向启发式教学,只有这样才能优化创新创业的效果,首先是教存管理形式由封闭、强制和集中转向开放、参与和自主;其次,教学过程由学生对知识的被动接收、储存和积累转向信息主动获取、灵活选择、提取、加工,由教师给学生现成唯一的标准答案转向启发学生举一反三、主动提问,鼓励其不断质疑并思考,从多方向提出设想方案,并从中进行选择和决策,促使其自主式学习,不断创新;再次,教育途径由注重课堂转向课堂内外并重,将课堂教学与课外实践活动相结合,由单一的教学转向教学与研究相结合,重视学生兴趣和个性的培养;最后,教育评价也由注重选择转向注重培养。

此外,随着教育改革的不断深入和创新创业教育的发展,在教育体系、制度、管理方式、师生关系及教育方式、过程、评价等方面都将发生深刻的转变,同时,创新创业教育将逐渐分类化,由单一课程体系细分为新技术创新与创业、家族创业、妇女创业、大型机构创新和创业等分支,从而取得更长足的发展。

第三章　创新思维内涵

第一节　创新思维的含义

一、创新思维的定义范围

创新思维的定义范围是从外延的角度来明确创新思维的必要内容。考虑思维活动主体、思维结果和适用范围等因素,应该从广义上认识和把握创新思维。

第一,从思维活动的主体看,每一个正常的人都具有创新思维能力,人们在日常生活中和工作中无处不闪现着创新思维的光芒。如果只把科学家的科学发现、发明家的技术发明和艺术家的文艺作品看作是创新思维的成果,那就大大缩小了创新思维活动主体的范围。因此,在为创新思维下定义时,要充分考虑到思维活动主体的广泛性。

第二,从思维的结果看,它并不是判别创新思维的唯一标准。衡量思维活动是否是创新思维,除了应该考虑思维结果外,还应从其思维过程、思维方法、思维内容等方面综合考虑。

因为创新思维不是取得创新成果的充分条件,而是必要条件。即使一次思维活动,它的结果没有取得期望的创新成果,但在思考的方法技巧上、在某些局部的结论和见解上有新奇独到之处,也是创新思维。因此,创新思维不应以其结果作为唯一的判定标准。

第三,创新思维广泛存在于各种思维过程中。历史上有许多重大的科学发现,都是在日常生活中受到启发而萌生的。牛顿由苹果落地发现了万有引力定律,瓦特从沸水冲开壶盖受到启发发明和改进了蒸汽机。

因此,创新思维存在于科学发现、技术发明和文艺创作的思维过程中,同时也存在于人们的政治、经济、军事决策中。思维的创造性与思考的问题自身没有直接的联系,所以不能用经济价值、商品价值来衡量,它存在于各种思维过程中。

二、创新思维的概念核心

由于各种原因,人们形成了对创新思维概念的多种不同认识,但是,在所有的这些不同认识中,有一个共同承认的基本内涵,那就是创新思维概念的核心,即创新。

正因为如此,通常人们根据思维是否具有创新性把思维活动分为两种,一种是创新思维,另一种是重复性思维。重复性思维是一种比较普通的思维形态,它是对已经接收到信息的重复和再现,大脑利用的仅是记忆和存储功能,这种思维模式是相对稳定的;而创新思维正好相反,是存储的信息根据需要的新加工,必须具有思维的创新性。

这样看来,按照美国心理学家克雷奇等人的看法,重复性思维是指"个人应用先前获得的知识参与到这个过程中来,但必须经过改变,以适合这个问题的新要求"。这一看法为许多论者所接受,是具有合理性的。因此,在认识和把握创新思维的内涵时,应将创新思维与重复性思维区别开来,以突出创新。

三、创新思维产生的基础

任何事物的产生都是建立在一定的条件和基础上的,创新思维作为人类高级的思维活动,是人的意识能动性的突出体现,它也绝对不是无缘无故产生的,而是有一定的产生条件和基础。

毫无疑问,创新思维产生的基础首先是现实世界中存在的客观根据,即客观事物及其联系。创新思维需要已经掌握的经验、知识和新得到的信息,灵活地运用各种思维形态或思维方法。想要获得创新成果,必须要有一定种类和数量的相关信息和经验、知识。通常来说,与创新成果相关的信息越多,经验、知识越丰富,创新思维产生的可能性也就越大。

同时,在创新思维的过程中,往往需要综合运用各种思维形态或思维方法,包括抽象思维、形象思维、灵感思维及发散性思维与收敛性思维、线性思维与非线性思维、求同思维与求异思维等,这些思维形态及其思维方法的灵活运用是创新思维产生的根据。

四、创新思维的内涵

关于创新思维的内涵,学术界至今尚未有一致的说法。"所谓创造性思维,是指在人的思维心理、思维形式和思维环境等综合功能作用下的思维成果,它具有明显的新颖性、独特性和前瞻性的思维。创造性思维是一种综合性思维,或者说,是逻辑思维与非逻辑思维、线性思维与非线性思维相互依存、相互影响、相互制约、相互转化的综合性思维"。"创新思维是指对事物间的联系进行前所未有的思考,从而创造出新事物的思维方法,是一切具有崭新内容的思维形式的总和"。

"创造性思维是人类思维的高级形式,是一种从新的视角按照新的思维方式和程序来认识客体、解决问题,从而产生新的认识、新的思想、新的观点的思维活动"。"创新思维是指人类在探索未知领域的过程中,充分发挥认识的能动作用,突破固定的思维模式,以灵活、新颖的方式和多维的角度探求事物运动内部激励的思维活动"。

正是基于不同的研究角度和研究方法,不同的学者对创新思维有着不同的认识。但是,总结分析以上关于创新思维的描述,我们不难发现,要研究创新思维,必须把握好创新这一核心概念,把创新思维与其他思维区别开来。

在综合分析现有文献的基础上,可以将创新思维界定如下:创新思维是主体在理论或实践需要的驱动下,以一定理论知识和实践经验为基础,充分发挥能动作用,突破传统思维习惯和思维定式,以灵活、新颖、独特的方式,多角度探求事物规律的思维活动,它是人类特有的思维活动的高级形态,是创新实践和创造能力发挥的前提。

在明确了以上几个与创新思维密切相关的主要问题之后,本文可以将创新思维的定义理解为创新思维是指思维主体在创新意识的推动下,以社会实践和已获得的信息、经验、知识等感性认识为基础,借助科学的思维方式和方法,灵活运用想象、联想、直觉和灵感等思维手段,使思维重新组合、升华,产生新的思路或顿悟,从而形成有一定应用价值的新观点、新理论、新方法或新产品等创新成果的思维过程。

马克思曾指出:"如果现象形态和事物的本质会直接合而为一,一切科学就成为多余的了。"正是因为现象和本质之间的差距,需要通过创新不断加深认识层次,提高认识水平。

作为现实的反映,常规思维是对发生了的现实做出回顾与总结,而对于事物未来发展的方向需要一个缓冲的过程才能做出反映。而创新思维是对事物发展倾向的研判与超越,从而以预测性的特殊方式反映现实。

从思维形式来看,创新思维是在与常规定势思维相比较的过程中出现的,定势思维反映了人们的经验和活动的基本步骤,在此基础上,创新思维体现了事物的变化发展,思维主体从新的思考角度、运用新的论证方式和思维成果,具有新的创造性特质，产生新颖性与超越性结果，为社会物质文明和精神文明增添新成果。创新思维促进定势思维发生质变和超越，促使人的认识和反映能力从现实表象出发，把握现象背后的更广范围内和更深层次上的可能性、倾向性与规律性，并通过思想、计划和理论等形式指导创新实践。

第二节　创新思维的本质

当代中国经济社会发展，已经进入实施创新驱动战略、建设创新型国家的新阶段，增强自主创新能力成为推动科技发展的战略基点和转变经济增长方式的重要抓手，在内容上涵盖了理论创新、制度创新、科技创新和生产生活方式的积极变革。人是创新的主体，创新发展需要培养人的创新思维，激发人的创新精神，走自主创新的实践道路。创新实践要靠人才支撑，推进创新需要大力培养高水平创新人才。

所谓创新型人才，一般是指具有开拓意识、拥有创新思维、富于创新能力、能做出创造性贡献的人才。其中，创新思维是创新的基本前提，创新思维具有独创性、灵活性、前瞻性等品质，能够引领创新型人才在对事物的分析与判断中做出更好的分析和判断，做出有效决策，推动创新实践。重视并加强创新思维培育，推动创新型人才成长，具有基础性与引导性作用。

理解创新思维的本质是探索创新思维的基础和关键，它直接关系到创新思维理论体系的建立。到目前为止，学术界理解创新思维的本质存在很大分歧。对于创新思维的本质，学术界尚未统一见解，这是因为，创新思维本身是一个十分复杂的系统过程，概括其本质，人们往往会各执一端。唯物辩证法认为，本质是事物的内在根据，是事物内部各个要素之间稳定的联系，是同类事物中一般的、共同的东西。而本质又是分层次的，可以有一级本质、二级本质等不同层次的本质之分。根据这一思想，笔者认为，复杂系统的本质也不应该是单一的，它应当具有层次性。作为一个复杂的系统的过程，创新思维的本质是多层次的，我们需要运用系统科学的观点来认识和把握创新思维的本质。

从上文对创新思维的定义过程及对创新思维的涵义的规定，我们能够看出其中处处体现着"超越"的特性。首先，思维主体进行创新思维活动，其动力来自求新意识的推动，这表现了思维主体的超越意识在思维过程中，思维主体要灵活运用各种思维手段，使思维重新组合，不断超越固有的思维方式。

一、超越

创新思维是作为传统思维的相异方出现的,它甚至是由对立方提出来的。它是一种能够产生新颖性结果、超越性结果的思维。与传统思维相比,不管是在思考角度、运用材料方面,还是在论证方式、思维成果方面,创新思维都具有全新的创造性特质和内容,这使得创新思维能够出新,能够超越现有的认识和眼前事物的局限,透过现象抓住本质,为人类的物质文明和精神文明增添新的成员和元素。

创新思维内在地要求超越,要求思维从表象现实及对这种现实的反映出发,把握住隐藏在现象背后的可能性、倾向性,乃至规律性的东西,并通过思想、计划和理论等形式将它们转化为现实。

可见,超越是创新思维的本质。以马克思为例,马克思的两大贡献是剩余价值学说和历史唯物史观,这两者都是马克思自觉摆脱资产阶级的狭隘立场、观点,从客观、历史的科学视角透过表面的假象考查资本主义经济现实和人类社会历史过程所得出的全新成果。在一般情况下,作为现实的反映,思维是落后于现实而存在的,但创新思维是超越现实的,创新思维作为人类不断发展着的能力,是以特殊的方式反映现实存在的一种思维形式。

二、超越的表现

超越是创新思维的最基本属性,这种超越主要表现在时间、空间和具体事物方面的超越。

马克思设计共产主义社会、预见全球化、预测商业周期、提出经济决定人的观念,都是思维超越具体时间的实例。这些在马克思的时代都没有发生,或者仅仅以萌芽的形式刚刚产生,而马克思却能够从眼前的现实看到事物在未来的真实存在状态。基于此,创新思维可以使我们认清事物的发展前途和方向,在实践中修正认识,促进新事物的发展,采取必要措施使损失降低到最低限度,为新事物的健康成长创造良好环境。

对空间的超越是创新思维的另一重要方面。具有创新思维品质的人不仅仅关注自己身边的及与自己有着利害关系的个人事务,而且更多地关注那些与自己没有直接利害关系、远离自己生活圈子的社会事务和自然事物。只有这样,思维的结果才具有社会意义和价值意义,才会发挥积极性和利他性的社会影响,否则,思维结果充其量是一些由自己的利益和情绪支配的意见。

马克思在个人生活毫无保障、常年依靠恩格斯救济度日的艰苦条件下，将全部思维的注意力都放在了关注工人阶级和广大劳苦大众的生活上，奉献在最能够为人类谋福利的事业上。在马克思的思维视域中，不仅他的祖国——德国一直是关注对象，而且欧洲、亚洲、美洲、非洲，乃至原始部落都是他的思维所倾注的对象。正因为马克思将视野扩大到世界范围，所以才能在宏观背景下考查他所遇到的所有问题，而这些问题在他的思维大背景下才彰显出为别人所无法认识到的意义。

创新思维还体现在对具体事物的超越上。马克思同每个人一样，每天都在与看得见、摸得着的具体事物打交道，但常人并不从这些具体中抽象出具有普遍意义和深远意义的问题和结论，而马克思做到了这一点。马克思从资产阶级的"自由、平等、博爱"的口号中，揭露了资产阶级价值观的虚伪本质；从人们的吃、喝、住、穿中看到物质生活资料的生产构成了人类历史活动的真正基础。这也正是思想家与平常人之间的差别所在。思想家的创新思维促使他们从普通人习以为常的事情中发现有价值的问题，从司空见惯的现象中总结出深刻性和普遍性的结论，而常人的常识思维则将自己限制在现象的范围内，即使遇到问题，也是按照习惯和常识给出解答。现象总是杂多、暂时的，而本质则是单纯、稳定、持久的，创新思维能够克服常识思维止于现象而不前的惰性，从而摆脱具体事物施加的种种限制，深入到现象背后把握真理。

对时间的超越，体现了思维的高度；对空间的超越，体现了思维的价值；对事物的超越，体现了思维的广度。机械唯物论的反映论把意识对物质的反映看成是消极的、被动的，辩证唯物论的反映论在承认物质对意识的决定性前提下，强调反映的积极性和能动性，这种积极性和能动性就突出地体现在创新思维中。创新思维调动起人的创造性潜能，在客观事物尚未出现时，意识也可以把它想象出来，就像在马克思的时代，社会主义还没有成为现实，但他已经创立了科学社会主义学说，这些思想等无不来源于创新思维的超越性。

三、从功能层面看，创新思维的本质在于出新

所谓创新思维，是与习常性思维相对应的一种思维。习常性思维是人们针对常规性问题进行的思维。这种思维重复和模仿以往的思维活动。它有现成的程序、模式。创新思维与此不同。它超出已有的经验范围，而对新的领域，采用新的

认识方法,开创新的认识成果。

对于创新思维的"新",至少包括以下三种理解。

第一,创新思维所面对的新领域和新问题,必然要求人们采用新的思路、新的方法。完全沿用和模仿已有的思路和方法是无法有效地适应新领域、解决新问题的。

第二,创新思维所面对的旧领域和旧问题,同样可以采用新的、更好的思路和方法加以解决,这也是思维的创新。

第三,创新思维所获得的思维成果是新的。所谓思维成果,指解决问题的思路、方法,也指通过思维所获得的认识成果,而不是指运用思维成果所获得的实践结果。农民年复一年地用老办法种地,他们每年获得的收成都是新的,但从思维的角度看却没有什么创新。因此,我们必须区分思维成果与实践结果。只有那些获得了新的思维成果的思维,才可以称之为创新思维。

创新思维之所以被称为创新思维,就在于这种思维能够产生前所未有的、有价值的认识成果。这是区分创新思维与非创新思维的根本标准。因此,从功能层面上看,我们完全有理由认为,"出新"是创新思维的本质。

创新思维的这一本质告诉我们:原创性的思维属于创新思维,继发性的、具有革新性质的思维也属于创新思维。人们谈到创新思维,往往联想到牛顿、爱因斯坦、马克思、爱迪生等大科学家、大思想家、大发明家。的确,这些"大家"们创立新理论新学说、做出新发现新发明的思维是创新思维,但并不等于说一般人的思维就不具有创造性。实际上,创新思维之"新"可以分为狭义的"新"和广义的"新"。

那些"大家"们所进行的思维创新,是对人类做出的前所未有的思想贡献。广义的"新"是相对于个人而言的"新"。因为大多数人虽然未必能够做出影响人类和人类社会发展进程的新发现、新发明和新创造,但他们完全可以用自己的思维创造出对自己而言是前所未有的新东西。

著名的心理学家马斯洛把人的创造性分为两种:一种是"特殊人才的创造性";另一种是"自我实现的创造性"。这两种创造性指的就是这两种创新。但无论是"特殊人才的创造性",还是"自我实现的创造性",无论是狭义的创新,还是广义的创新,它们都在思维过程中创造出了新东西,因此都体现了创新思维的本质,都属于创新思维的范畴。

创新思维的这一本质告诉我们,思维不管发生在什么领域,只要是在思维中产生了新东西,那么这个思维就属于创新思维的范畴。提出一个新的理论观点、新的理论体系是创新,发明一种新的工艺、新的产品是创新,设计出一种新的体制、新的制度也是创新。正是依据这一点,人们把创新又分为理论创新、科技创新、制度创新等。可以说,有多少个实践领域,就有多少种创新。而在这诸多创新的背后,思维创新是基础。正是思维的创新,带来了各个方面和各个领域的创新。

总之,从功能层面看,创新思维的本质就在于出新,在于创造以往思维中所没有的新成果。这是思维之所以成为创新思维的最根本的依据。

四、从结构层面看,创新思维的本质在于超越

系统科学认为,结构决定功能。创新思维的结构特点决定了它的功能特点。创新思维的出新功能受制于它的超越结构。

人的思维活动是在主体思维结构的基础上进行的。对于思维结构,学术界有多种称谓,如思维方式、认知结构、思维框架、思维格局及认知图式、思维模式等。通俗地说,思维结构就是人的思维反映外部事物的中介,是人脑这个加工厂的"生产线的大脑进行思维,就是凭借着思维结构作为中介和生产线"加工思维的信息材料,制作思维的认知产品。离开了思维结构,人脑是不能进行任何思维活动的。

思维结构是在学习和实践中被逐步建构起来的。在学习和实践中,人们把获得的知识、经验和形成的观念、方法积淀在头脑中,逐步建构起一定的思维结构。因此,形成思维结构的要素有知识、经验、观念和方法等。人们的思维过程,就是运用已有的知识、经验、观念、方法对进入大脑的信息材料进行加工的过程。

思维结构对于人的思维有着巨大的制约作用。它通过自身的结构、模式,制约着人脑选择、组合和评价思维结构加工信息,是在一种下意识的状态下进行的。一般来说,主体感觉不到它们的存在。

正因为如此,思维结构具有相对的稳固性。一种思维方式一旦被建立起来,就不会被轻易改变。无论遇到什么样的思维对象和思维课题,它总是按照自己现有的结构和模式,去筛选、组合、评价、解释信息,从而得出相应的思维结果。思维结构的这种稳固性和作用惯性,人们通常称之为思维定式。思维定式具有双重作用。它可以帮助人们凭借现有的经验和惯常的思路,解决常规性问题。

反之,它只能妨碍人们解决那些超出了现有的经验和认识范围的问题。在思维定式的作用下,主体往往会因循守旧、墨守成规,习惯用老眼光、旧思路对待新问题。因此,按照已有的思维结构形成的思维定式是思维创新的主要障碍。创新,从根本上说,就是突破思维定式的阻碍,超越既定的思维结构。

创新思维超越现有思维结构的本质,从现代认识论的研究中可以得到说明。现代认识论认为,人的思维结构是同化作用和顺应作用两个方面的统一。同化是主体运用现有的思维结构去分解、加工自在客体的信息,从而产生观念客体的过程;顺应则是主体调整自己的思维结构以适应客体和产生观念客体的过程。在通常的情况下,人们总是倾向于运用思维结构的同化功能,即运用现有的思维结构去加工来自客体的信息,以产生思想、观念或者用思想、观念指导实践、解决问题。但是,当人们遇到了现有的思维结构无法同化客体信息的时候,主体就采取顺应方式,调整自己的思维结构,以适应同化外部客体的需要。

显然,人的思维结构遇到常规性问题,运用的是同化方式,遇到非常规问题,就不适用同化方式而必须采用顺应方式,以改变现有的思维结构,以适应解决问题的需要。前面所说的创新思维对于现有思维结构的突破与超越,从思维结构本身来讲,就是发挥了它的顺应功能。因此,顺应是创新的需要,顺应是创新的本质要求。

创新思维的这一本质告诉我们,创新思维不但与个体的思维结构有关,而且与群体的乃至整个民族的、时代的思维结构也存在着不可忽视的联系。因为,任何个体都生活在群体之中,都不能脱离民族文化和时代背景而生存。对于来自同一个客体、同一个对象方面的信息,不同的思维结构往往会对它们进行不同的加工,看到这一对象的不同侧面、不同层次,捕捉到其中的不同信息,得出不同的认识结果。因此,思维结构的特点直接影响人的认识过程和思维结果。

思维结构在思维过程中不知不觉地发挥作用。因为,形成思维结构的基本要素,在人们的日常生活中慢慢地积淀和贮存于大脑的潜意识层。主体运用这些存在于潜意识中的不仅是个体的思维结构,还是整个民族和时代所造就的思维方式、思维模式。注重研究创新在体制和文化方面的阻碍因素,并且努力排除这些因素的干扰,是实现思维创新的重要前提。

总之,从结构层面看,创新思维的本质就在于主体根据解决问题的需要,通过调整与顺应,使自己的思维突破和超越原有的思维结构。

五、从机制层面看,创新思维的本质在于逻辑与非逻辑的统一

结构侧重从静态的角度描述系统,机制侧重从动态的角度描述过程。创新思维超越现有思维结构取决于思维过程的内部运作机制。

研究创新思维的内部运作机制,首先需要回答创新思维的过程是逻辑的,还

是非逻辑的？实际上，创新思维既是一个逻辑的过程，也是一个非逻辑的过程。创新思维是逻辑与非逻辑的统一。任何思维创新，哪怕是极具独创性的思维过程，都不是凭空出现的，也不能脱离原有的思维方式。它总是要运用原有思维方式中的一部分要素，如一定的知识、概念、原理和方法等。那种与人类既有的思维完全脱节的创新是不存在的。因此，创新思维与已有的知识等思维要素之间必然会发生种种逻辑联系，使得创新思维过程不可避免地带有一定的逻辑性。同时，创新思维要出新，就要超越原有的思维方式，使得创新思维过程必然要增加新的成分、新的因素，如新的事实、概念、原理、方法等。这样一来，又使得创新思维过程不可能完全还原为逻辑的过程，而成为一种非逻辑的心理的过程，这种逻辑与非逻辑的统一，决定了有两种思维介入创新思维过程。一种是收敛性思维，另一种是扩散性思维。收敛性思维是集中思维，它使思维素材按照一定的逻辑联系，集中指向所要解决的问题。而扩散性思维又称作发散性思维，它使思维素材按照非逻辑的方式，由一点向四面八方扩散开去，以求获取尽可能多的答案。创新思维就是对收敛思维和扩散思维的交互运用，是这两种思维的统一、结合和互补。

在创新思维过程中，收敛性思维和扩散性思维分别发挥着不同的作用。其中，收敛性思维负责对思维素材进行分析、综合、抽象、概括等逻辑上的整理工作，使思维向认识的深度进军。而扩散性思维负责让思维的"触角"尽可能地向外延伸，使思维向认识的广度发展。可见，这两种思维分别从认识的不同角度催生新观念、新理论、新方法。收敛性思维为新思想的出现奠定基础；扩散性思维为新思想的产生提供途径，是新思想形成的关键。

扩散性思维的主要形式有联想、想象、类比、直觉、灵感。这几种思维形式都是非逻辑的思维形式。联想是思维由一事物推及到另一事物的心理活动过程。联想往往能够克服事物之间或概念之间在意义上的差异，帮助人们发现它们之间原以为不存在的联系。想象是人脑在感性形象的基础上创造新形象的心理活动过程。想象以现实为基础，但又超越现实。想象可以不受时空限制，把现实中似乎不存在的联系在思维中创造出来。类比在相似的事物之间进行，把适用于一个事物的属性推及运用到与之相似的另一个事物上去。因此，类比仅仅以事物之间的相似性为基础，这些事物之间并没有严格意义上的逻辑联系。类比可以克服事物在类属上的差异，使思维在不同类事物之间进行较为自由的跨越。直觉就是直接的"觉察"，它是在丰富的知识和经验的基础上，用头脑中形成的"知识块"去直接认识事物的一种思维形式。

由于这些"知识组块"具有整体性特点,因此,直觉可以超越逻辑的程序而迅速地插入事物的内部,达到对事物本质的洞察"。直觉可以使人们只根据少量信息乃至端倪,就能够对事物做出"预感"或"猜测",可以使人们在错综复杂的情况下,迅速排除假象,洞悉事物的本质。灵感是直觉的特殊形式。当人们运用整块的"知识"去认识事物,在认识中又出现了思维过程的阻塞而对问题百思不得其解时,如果由于思维内部某个信息的涌出,使得人们的思维茅塞顿开、豁然开朗,产生了这样的情境就表明有了灵感。因此,无论是联想、想象还是类比,也无论是直觉还是灵感,它们的共同特点就是非逻辑性、超逻辑性。扩散性思维帮助人们在认知事物的时候,去超越逻辑的限制,实现思维的飞跃,最终生成创造性的思路和设想。

必须指出,在创新思维的过程中,人的思维对于逻辑的超越是以逻辑为基础的,是在逻辑的指引下进行的。因为,创新思维总是指向一定的目的,总是围绕着解决问题而展开。这就决定了创新思维的全过程,从起始阶段到关键阶段再到收尾阶段,都离不开逻辑引导。

逻辑思维作用于创新思维过程,一般表现为以下几方面。

一是自始至终的目标指引。离开了逻辑思维,人的思维就会失去方向,变得散乱和无效率。

二是关键环节的思维聚焦。逻辑思维帮助人们分析问题的症结,暴露矛盾的焦点,为思维的扩散指引方向。

三是思维结果的评价、选择。人们通过思维的发散发现新设想,同时依靠逻辑思维来比较、选择、论证这些设想,以确立最佳的解题思路。

从一定意义上说,逻辑思维是新思想的"助产婆"。创新思维是逻辑思维自己"导演"的、超越自己的过程。

创新思维的独有品性集中体现在独特性、新颖性与超越性等方面。创新思维的独特性表现为求异求变的思维方向,能够从常规做法中发现问题,突破传统思维定式的束缚,以开放态度对待未知领域,密切关注未知现象和疑难问题,孜孜不倦地加以探索。创新思维的新颖性则是对事物稳定性的超越,也是对事物发展性的追索与反应。从运动变化的观点来看,世界存在的过程也是旧事物灭亡与新事物成长的过程中,新事物发展必须不断地突破事物原有形态,形成包含旧事物优点的新事物。创新思维的新颖性体现了事物的发展变化规律,是一种建立在新知识与新科技基础上的突破式思维方式,它着眼于改变人们原有的观察思考视角、程序和方法,通过与相关领域的知识、技术、经验等相结合而发展出新的组合式思维方式。它引导人们不断解放思想,推陈出新,推动事物向积极的方向发展。

总之,从机制层面看,创新思维的本质就在于逻辑与非逻辑这两个方面的统一。创新思维是收敛性思维与发散性思维的综合运用,是思维在逻辑的制约下向非逻辑的跨越。这是创新思维的最深层次的奥秘,也是创新思维的本质。

第三节　创新思维的特征

一、独特性与新颖性

创新思维的本义和主要目的都在于"创新",这种创新或者体现在思路的选择上,或者在思考的技巧上,或者在思维的结论上,然而只有敢于和善于质疑、打破传统思维方式的人,才可能独立思考,发掘新事物,发现新规律,提出新看法。那些墨守成规的做法是要不得的,正如马克思所指出:"它们使人的头脑局限在极小的范围内,成为迷信的驯服工具,成为传统规则的努力,表现不出任何伟大和任何历史首创精神,它们使人屈服于环境,而不是把人提升为环境的主宰。"马克思既肯定物质第一性,同时也承认人的意识的相对独立性和能动性,其实这种独立性和能动性的一个方面的重要表现就是思维的独特性与新颖性。

创新思维的独特性与新颖性往往表现为善于求异求变,即从别人习以为常的地方看出问题,善于突破思维定式的束缚,带着开放的思想对未知领域、迷惑不解的现象或未能解决的新问题进行探索。现实中的事物,一般在没有外力作用的情况下,保持着相对稳定的状态,具有相对的稳定性。然而,事物的发展,就是在旧事物的灭亡、新事物的成长和壮大中,不断地突破事物原有形态的相对稳定性,形成差异和变革而实现的。创新思维的独特性与新颖性,正体现了事物的这一发展规律,创新思维正是建立在新的科学原理、技术基础之上的突破式思维方式;是改变人们原先观察和思考问题的着眼点、视角、程序和方法等而形成的重置式思维方式;创新思维是通过与相关领域的知识、技术、经验等相结合而形成的组合式思维方式。它鼓励我们解放思想、提出新的观点、创建新的理论、形成新的概念,从而推动事物向积极的方向发展。

二、多向性

创新思维注重从不同角度不同方面去思考问题,在思维进程中有多个思维指向、多个思维起点、多种思维方式和方法去寻求多种思维结果。变换观察思考问题的角度和方向,常常可以有意外的发现或收获。南唐后主李煜派博学善辩的徐铉到大宋进贡。按照惯例,大宋朝廷要派一名官员与徐铉一起入朝。朝中大臣都认为自己辞令比不上徐铉,谁都不敢应战,最后反映到宋太祖那里。太祖的做法出乎众人意料。他命人找 10 名不识字的侍卫,把他们的名字写上送进宫,太祖用笔随便圈了个名字,说:"这人可以。"在场的人都很吃惊,但也不敢提出异议,只好让这个还未明白是怎么回事的侍卫前去。徐铉见了侍卫,滔滔不绝地讲了起来,侍卫根本搭不上话,只好连连点头。徐铉见来人只知点头,猜不出他到底有多大能耐,只好硬着头皮讲。一连几天,侍卫还是不说话,徐铉也讲累了,于是也不再吭声。这就是历史上有名的宋太祖以愚困智解难题之举。照一般的做法,对付善辩的人,应该是找一个更善辩的人,但宋太祖偏偏找一个不认识字的人去应对。这一做法,反倒引起了善辩高手的猜疑,使他认为陪伴自己的人,是代表宋朝"国家级水平"的人。对大国猜不透,就不敢放肆。

所谓多种思维指向,即在一个问题面前,尽可能提出多种设想,寻求多种多样的答案,多方面进行比较分析,从而挑选出最佳的解决方案。创新思维能力越强的人,思考问题就会越广。所谓多种思维起点,是指从多种事实、多种观察角度出发,运用不同学科的多种理论作指导,进行分析研究,从中筛选出最佳的解决方案。

三、现实性

创新思维及其理论成果不能是一种形而上学,否则,既无法证实又无法证伪,甚至根本无法用实践来检验,那么这种所谓的创新思维及其理论成果,绝不能算是真正的创新思维。实践是创新思维的动力和基础,那么,实践创新就成为创新思维的终极取向,创新思维本身及其理论成果必须具备现实性,既要来自现实中,又能够回到现实中去。现实性是创新思维的根本特征,没有这一规定,创新思维就不具有任何现实意义。

认识上的创新,其直接目的虽然是为了革新理论,为了理论的创新,但最终目的还是为了实践上的创新。创新思维理论的现实性就表现为随着实践的发展而产生新的理论成果。马克思说:"哲学家们只是用不同的方式解释世界,问题在于改变世界。"创新在认识中的核心作用就表现在它对实践的伟大指导作用。当外部环境和条件发生变化,旧有认识框架和传统思维模式已经不足以用来指导新的实践时,理论上的创新就是至关重要的了。理论要生存就必须与时俱进,而创新思维在认识中的作用就在于能够不断推陈出新,不断与新的实践相结合,从而创造出新的符合时代要求的理论来。所以,创新的真正价值,就是它对实践的指导作用。

认识的现实性也就是其真理性的依据。社会存在决定社会意识,社会意识依赖于社会存在,也就是说认识植根于实践,认识的现实性要靠社会实践来检验。创新思维首先是一种创新意识,它既然是认识的核心与灵魂,是认识的最本质的规定性,那么它的现实性同样取决于它对实践是否具有有效的指导作用。只有能够转化为实践创新的创新思维才是真正意义上的创新思维。否则,创新意识主导下的创新,只不过是空洞的理论而已。

随着时代的发展,当传统思维无法指导新时期、新条件下的社会实践取得成功的时候,当新时期、新的条件下的社会实践需要突破过去的传统,需要新的理论来指导新的实践的时候,创新就不可避免。因为新的实践需要新的理论,而理论上的创新首先要有思维原则的创新,即以创新思维作为前提和先导。没有创新思维,就无法进行创新的实践活动。但同时理论上的创新是不是真正意义上的创新,也要靠社会实践活动来检验。如果不能指导社会实践活动取得突破性的进展,不能在实践活动上有所创新,那么这种创新思维就是毫无作用的创新,也就不具备创新思维所必须具备的现实性。而不具备现实性的创新思维,绝非真正的创新思维,而只是偶然的标新立异的幻想。

第四节　创新思维的形成机理

一、大脑思维机理的研究是创新思维机理研究的先导

19世纪以来,中外专家学者通过对人的大脑手术治疗、临床观察、实验研究和脑电图分析,积累了大量关于大脑的结构和机能的有关知识。为揭示大脑思维

的神秘面纱,科学家利用各种手段进行了深入探索和研究,创立了多种假说。这些假说是从人的大脑结构、大脑中的物质运动、信息在大脑中的传导、加工和处理的机制,外界环境信息对人的大脑的刺激与大脑内已有信息之间的相互关系等方面的研究建立起来的。创新思维的研究应是建立在大脑思维微观机理研究的基础之上,大脑结构及其思维机理的研究成果给予创新思维研究提供了诸多启示。

人的大脑思维微观机理研究取得的成果中,比较突出的是建立了四项假说,分别是前苏联医生鲁利亚提出的"三个机能系统"论、"突触传递和神经网络"论、"暂时神经联系接通"论和有影响的瑞士心理学家、哲学家皮亚杰的认知图式理论。人的大脑思维微观机理的研究成果不仅从不同角度探寻大脑思维的产生机制,得到了对思维现象的部分合理解释,而且为后来的研究奠定了一定的基础。

四种假说为我们进一步研究大脑思维提供了以下启示。

其一,人的大脑思维是大脑各部分机能系统共同参与下形成的。这是前苏联医生鲁利亚认识大脑思维机理的重要观点。这一观点告诉我们,人的大脑是一个有机系统,大脑各部分有其独立的功能,大脑思维是大脑各部分功能共同施展的结果。格式塔心理学派认为,人的精神意识是神经系统作为一个整体突变出来的。这正是运用了系统论中的整体大于部分之和的观点。创新思维比一般的思维更深刻、更高级,更能揭示事物变化的本质。因此,创新思维是大脑各部分共同参与、共同协作才能实现的,必然是大脑整体功能的体现。我们仅仅从微观上分析大脑各部分的功能是远远不够的,必须从宏观上把握大脑的整体功能,才能从本质上揭示创新思维的机理。

其二,大脑的结构和功能知识为研究创新思维创造了条件。人们已获得人的大脑的结构和功能的许多知识,特别与思维密切相关的大脑皮层的结构和功能区的知识,为我们研究创新思维的形成提供了更直接、更精细的信息。"突触传递和神经网络"论揭示大脑神经元在信息传导和处理过程中化学递质和生物电的作用。而"暂时神经联系接通"论更深入揭开神经元的微细结构变化和化学递质流动对信息传递的影响及外界信息的刺激加快形成暂时神经联系的机理。前人关于大脑思维微观机理的研究成果充分证明,大脑思维是大脑结构与内部物质运动及环境信息的刺激与大脑内已有信息的相互作用的结果。

其三,图式理论。近代格式塔心理学派和瑞士心理学家皮亚杰从心理学的角度,把大脑中的信息模块,即某一事物的概念定义为图式,大脑中已有信息的组合与外界信息的匹配、同化和顺应作用,形成推理、判断,产生对新事物的本质认识。

这种思维机理揭示了大脑内信息相互作用及环境信息与大脑内己有信息的相互联系,构成思维的基本框架。大脑思维的本质是信息运动。

从上述三方面的分析可以看出,前人对大脑思维的研究成果给予我们的启示。归根结底,大脑的结构及微细结构的变化、大脑内物质运动产生的思维,是以信息组合、衍生、激发、整合等方式形成的高级意识活动。能够从具象信息、表象信息和浅层信息中,揭示事物存在和变化的本质信息,这就是创新思维。

二、耗散结构理论的创立充分揭示创新思维形成的机理

普里高津提出了耗散结构理论,把理论热力学的研究推向现代的最高峰,对整个自然科学和社会科学产生划时代的影响。普里高津的布鲁塞尔学派在几十年的研究中,充分展示了创新思维的过程和特点,从而揭示了创新思维形成的机理。

对耗散结构理论的创立过程与思维路径做以下解读。

耗散结构理论创立过程分为四个阶段。第一阶段是对宇宙物理图景描述中,产生牛顿定律、相对论、量子力学的时间可逆、对称与热力学第二定律、生物进化的时间不可逆、不对称之间的矛盾,引发了普里高津对时间可逆性问题的思考。第二阶段是对宇宙演化的物理图景的描述,产生了时间不可逆的总规律下,复杂系统演化存在进化和退化两个方向,引发了普里高津对复杂系统演化两个时间箭头的巨大矛盾统一问题的思考。第三阶段是开放的复杂系统从无序走向有序状态的状态参量,在近平衡态时存在的昂萨格"倒易关系",从而找到最小熵产生的规律。这仅仅解决了状态参量呈线性关系的特殊状况的规律,引发了扩展至远离平衡的非线性关系的普遍状况的规律的思考。第四阶段是大量开放的复杂系统形成宏观高级有序结构,引发了对这种不断与环境进行物质能量交换,从低级有序向高级有序状态演化的系统内外因素及其相互作用的思考。经过这四个阶段,最终创立了耗散结构理论。

从上述四个阶段,我们可以清晰地看出,在耗散结构理论创立的思维过程中,有四个思维的焦点,即四项思维的突破点,这四个思维的突破点是由简单到复杂,由浅入深,层层突破的。

这四个突破点如下。

一是宇宙物理图景描述的时间可逆性与对称性问题。

二是宇宙演化的物理图景描述的系统演化退化与进化的矛盾问题。

三是复杂系统演化物理图景描述中系统状态参量之间的关系,从近平衡态线性区扩展至远离平衡的非线性区的问题。

四是复杂系统宏观低级有序向高级有序演化,形成耗散结构的系统内外因素及相互作用问题。

毛泽东在《矛盾论》中指出:"唯物辩证法的宇宙观主张从事物的内部,从一事物对他事物的关系去研究事物的发展,即把事物的发展看作是事物内部的必然的运动,而每一事物的运动都和它的周围其他事物互相联系着和互相影响着。"在研究人的大脑思维形成机理中,不少学者从微观角度对大脑内部结构、物质运动及信息运动探寻与思维的关系,但人的大脑是一个巨大复杂系统。为解决大脑这样一个巨大复杂系统的创新思维的形成机理问题,必须从宏观角度去把握大脑系统整体与思维的关系,我们可以从耗散结构理论创立的过程和思维路径,揭示创新思维形成的机理。

首先,要形成创新思维必须让大脑思维系统处于开放状态,这是创新思维形成的先决条件。要求我们不断对研究的事物进行考查,全方位查找资料,吸收新信息,不断学习和实践,从环境中获取负熵,促使思维状态向有序方向发展。耗散结构理论创立过程中,四项思维突破点完成之前,都分别获得有效的关键信息。这些信息与大脑原有的知识、信息相互作用,产生新的认识。

创新思维形成的第二个先决条件是大脑思维系统必须远离平衡状态。大脑思维的平衡状态是固有的知识结构和认知模式,不随环境的改变而改变。创新思维需要求异性、求变性、超越性,就必须打破平衡状态,更新知识结构和认知模式,使自己的思维系统远离平衡状态。普里高津在宇宙演化的物理图景描述中系统进化和退化的巨大矛盾面前,敢于进行进化和退化的统一思维,又在开放系统近平衡态问题扩展至远离平衡的非线区的思维,都是对前人和自己思维的挑战。

人脑思维系统是一个非线性的复杂系统。非线性作用是创新思维形成的内因。开放和远离平衡只是创新思维形成的必备条件,必须促使大脑系统内产生非线性相互作用,才能满足创新思维形成的充分条件。当思维表现出由规则运动向不规则运动转化和突变时,变量之间出现多种对应关系,非线性作用使思维向外发散,就可能产生创新思维。思维系统内的非线性作用使系统成为交叉网络,相互作用的要素是多层次的,信息的传导速度加快,信息的交互融合更趋多样化,十分有利于灵感的产生。

在思维系统中,让多种思路交锋、将各种方案进行比较分析,将思维产生协同,使整体功能大于部分功能之和,才能找到对事物本质的规律性的认识。普里高津在思考复杂系统演化过程中的矛盾时,除了抓住了进化与退化,远离平衡非线性与近平衡线性这两个主要矛盾外,还能把思考的注意力集中在两大矛盾的两个主要方面,即进化和远离平衡的非线区。从而思维控制在决定系统演化的关键因素的研究,使他的认识产生顿悟和协同,最后找到了对复杂系统演化的规律性的认识。

随机涨落是创新思维形成的直接诱因。思维系统的涨落是指在外界特定信息的刺激下或大脑内原有信息的相互作用中形成偏离原有认识的现象。当人们在苦苦思索并快要解决某一问题时,突然得到外界信息的启示,思维系统的涨落不仅强度大,而且产生时间和空间上的协同,最后导致灵感和顿悟的出现。普里高津在思考宇宙进化与退化的巨大矛盾时,大脑中原有的信息与外界提供关于系统演化的信息,促使思维系统形成巨涨落,把矛盾的两个方面统一起来,产生对不可逆过程认识的巨大飞跃,为建立耗散结构理论奠定了基础。

第五节　创新思维的内在机制和发生机制

一、创新思维的内在机制

(一)创新思维是问题、酝酿、豁朗、验证四个阶段的统一

所谓机制,原指有机体的构造、功能和相互关系,现在一般用来说明复杂系统构成要素之间的联系方式,是一个系统功能的实现方式。创新思维的机制,是创新思维内在的各思维要素之间的联结方式,是创新思维本质的实现形式。因此,我们研究创新思维的机制,必须紧密结合创新思维的本质,来考查创新思维是如何实现创新的,是通过什么样的机理来实现创新的。那么,什么是创新思维,创新思维的本质是什么呢?

创新思维是相对于习常性思维而言的,它是一种具有开创意义的思维活动。它是人们面对新的认识领域,运用新的认识方法,获得新的认识成果的思维。创新思维,顾名思义,就是必须产生新东西的思维,是必须出"新"的思维。通过创新思维,人们或者获得新的认识,或者提出新的设想,或者得出新的方案。正因为如

此,就决定了创新思维的本质在于超越,在于对现有的认识和现存的事物实现超越。无论是科学认识中的思维创新,还是生产实践中的思维创新,都是对现有理论学说的突破,是对现存的工艺、设备、技术、产品的超越。由于现有的理论、学说、知识等精神性成果和工具、设备、技术、产品等物质性成果,都是人类思维和人类实践的产物,而生产这些文明成果的人类思维和人类实践又必然地内化于人的头脑,积累沉淀而成为人的思维方式。因此,创新思维之对于现有认识和现存事物的超越,实质上就是对人们现有的思维方式的超越。创新思维的这一本质特征,决定了它不可能通过重复原有的思维而实现,而只能通过对原有的思维方式进行突破和超越而实现。创新思维的机制就是为实现创新思维的本质而服务的,是围绕着如何对原有的思维方式进行超越而形成的。下面我们先讨论创新思维过程性机制。

如果把创新思维作为一个过程来看,那么,它由问题、酝酿、豁朗、验证四个阶段构成。问题、酝酿、豁朗、验证四个阶段的统一,构成了创新思维的过程性机制。

首先,问题是创新思维的起点。如前所述,创新思维是出"新"的思维,创新思维的本质在于对原有思维方式的超越。因此,创新思维首先必须针对一定的问题而展开。如果人们的认识中没有出现问题,或者说,如果人们的认识中没有出现矛盾和障碍,那么,就不需要运用创新思维。因此,问题是创新思维的起点。著名科学哲学家波普尔就曾经强调,科学发现不是始于观察,而是始于问题。因为如果观察者头脑中没有需要解决的问题,那么他是不知道对什么及怎么样进行观察的。可见,创新思维是从发现问题和提出问题开始的。人们要进行创新思维,头脑中必须有按照常规的思路和办法解决不了的问题。正是这样的问题,推动着人们去寻找新的思路和办法,由此展开思维创新活动。当然,创新思维的过程中,问题的发现和提出是逐步实现的。人们首先在头脑中出现的是一种朦朦胧胧的意识,是一种对"现实"的不满意、不满足,或者是心理上的不"舒服",正是这种朦胧的"问题意识"推动着人们去进一步搜集材料,并对已有的材料进行分析、整理,在此基础上渐渐地使问题明朗化、概括化。这就是创新思维的起点阶段。

其次,酝酿是孕育新思想的必要环节。创新思维对于原有思维方式的突破不是一件轻而易举的事情,它需要思维者进行多方面的艰苦探索。因此,当人们明确了所要解决的问题后,创新思维就进入第二个阶段,即酝酿阶段。在这一阶段,思维者在明确问题的基础上,借助于已经收集整理的材料,开始对问题作各种试探性解决,不断地提出新的假设、新的方案。由于创新思维所面对的问题超出了以往经验的范围,依据以往的思路和办法,往往不能解决问题。因此,各种假设和方案不断被提出,又不断被搁置或抛弃。思维者在"左冲右突"中处于"山穷水尽"的境地。这一阶段是思维者不断尝试的阶段,也是思维者苦思冥想的阶段。这一阶段是新思想孕育的阶段,因此它是痛苦的,但又是必要的。没有这一阶段的孕育,就不会有新思想的产生和问题的解决。

再次,豁朗是新思想诞生的标志。创新思维的第三阶段是豁朗阶段。所谓豁朗,就是豁然开朗。在经过前一阶段充分的酝酿之后,思维过程终于出现了飞跃。超越以往知识和经验的新构想、新方案在头脑中涌现,使人突然感到茅塞顿开、豁然开朗。原先的"山穷水尽"一下子变得"柳暗花明",这一阶段是创新思维过程中最神秘,也是最具决定性意义的阶段。它意味着人的思维对原有的认识实现了超越,意味着人的思维发生了质变。这一阶段人的思维不仅需要有逻辑方法的参与,而且更多地需要借助于联想、想象、直觉、灵感等非逻辑方法,才能实现思维过程逻辑中断后的跨越和跃迁。

最后,验证是新思想确立的重要步骤。创新思维的最后一个阶段是验证阶段。在豁朗阶段,人们头脑中闪现的只是新思想的火花,它还是不成熟、不完善的,仅仅依靠这种思想火花还不能构成解决问题的完整方案。因此,接下来的工作就是对产生的假设和构想进行逻辑上的论证、修改、加工、完善,使之成为成熟的解决问题的方案。验证,可以在解决问题之前进行,也可以在解决问题的过程中完成。前者主要是一种逻辑上的论证,后者主要是实践上的检验。人们在创造性的解决问题过程中,不一定要等到把思路、设想完全论证清楚、修改得十分完善了才动手解决问题。实际情况经常是,有了一个初步的设想,就开始着手去解决问题,然后在实践的过程中,再根据解决问题的需要,对这些设想进行不断地检验、修改、完善,最终从根本上解决好问题。

上面所描述的创新思维的四个阶段,对于一个完整的创新思维过程来说是必不可少的。虽然在具体的创新思维中,各个阶段的表现可能会不尽相同,但是,一般来讲,创新思维都需要经过发现问题、提出问题的准备阶段,进行试探的酝酿阶段,新思想闪现的豁朗阶段和修改完善的验证阶段,这却是不争的事实。因此,我们认为,正是这四个阶段的统一,促成了新思想的产生和思维创新的实现。因此,这四个阶段的统一构成了创新思维的过程性机制。

(二)创新思维是发散思维和集中思维的统一

我们从思维过程的角度,对创新思维的机制进行了分析,把这一机制归结为问题、酝酿、豁朗、验证四个阶段。实际上这四个阶段的思维，又分别对应于不同的思维形式。如果我们从思维形式的角度来看创新思维的机制，那么我们会发现，这一机制表现为两种思维的统一。这就是发散思维与集中思维的统一。可以说，发散思维与集中思维的统一，构成了创新思维的结构性机制。

所谓发散思维，又叫扩散思维，这种思维是从思维方向上规定的。它指的是在思维过程中，对于头脑中的观念、材料等思维要素加以组织，散发出两个甚至多个可能的设想或答案。运用发散性思维，要求思维者充分发挥思维联想和想象力，突破原有的束缚，以求找出多个可能的答案。可见，发散思维实质上指的是非逻辑思维。所谓集中思维，又叫收敛思维。它指的是思维过程中，将头脑中的观念、材料等思维要素加以组织，使之指向唯一的结论或答案。运用集中思维，要求我们以某个思考对象为中心，从不同的方向、不同的角度，将思维指向这个中心，以达到解决问题的目的。可见，集中思维实质上指的是逻辑思维。

那么，为什么创新思维必须是发散思维与集中思维的统一呢？

首先，创新思维是超出了已有的知识和经验范围的思维，是一种出新的思维，这就决定了它不可能只是凭借集中的逻辑思维就能得出结论，而必须借助于那些非逻辑的思维，借助于联想、想象、直觉、灵感及其他一些发散的思维形式。因为只有凭借这些非逻辑的发散思维，凭借联想、想象、直觉、灵感，才能实现逻辑思维所不能实现的联结，才能超越原有的思路，产生出新的方案、新的设想。同时，创新思维又不是一种无目的的思维。它总是为着解决某个领域的问题而进行的。因此，创新思维有明确的目的性和指向性。这又决定了创新思维不能成为漫无目的的胡思乱想，而必须围绕一定的问题和目标，针对一定的困难、矛盾和障碍而进行。因此，创新思维不能离开逻辑思维的参与。很难想象，离开了逻辑思维，离开了分析、综合、演绎、归纳、抽象、概括等逻辑思维方法的运用，还能够进行有效的思维创新。所以，正确的结论是，从思维形式的角度分析，创新思维必须是发散思维与集中思维这两种思维的结合，是这两种思维共同发生作用的结果。

其次，集中思维为新思想的形成提供条件和保证。集中思维可以帮助人们发现问题、揭露矛盾，为思维的发散指明正确的方向，为新思想的出现创造条件。同时，当人们经过思维的发散，使新的思想涌现出来以后，还得借助集中思维，对新思想进行论证、完善，从而为新思想的确立提供保证。因为尽管人们在创新思维中通过发散思维可以产生出多种可能的答案，这对创造性地解决问题无疑是重要的，但是正因为发散思维是一种比较自由的多指向的思维，因此，仅仅依靠这种思维是难以指向问题的要害的,也是难以把整个思维集中到所要解决的问题上来的。而且,人们通过发散思维得到的结果不一定都是有价值的,发散之后,还必须借助于思维的集中,对发散的结果进行加工、修改、完善和评价,才能找出有价值的结论。如果只有思维的发散而无思维的集中,尽管可以迸发出许多智慧的火花,但是由于不能形成集中的思维力量,结果会使思维失去控制而陷入无序状态,变成一堆混乱的思维。因此,在创新思维活动中,集中思维发挥着重要的作用,那种否定集中思维,认为集中的逻辑思维不利于创新,要创新就必须排除逻辑的想法是不符合实际的。

最后,我们要看到,发散思维是孕育新思想的母体,是产生新思想的摇篮。虽然集中思维可以确定思维的主题和指向,对思维成果进行分析和评价,但是,在一般情况下,集中思维本身并没有创新,它主要是为新思想的诞生和确立提供条件和保证,为创新的完成铺平道路。因此,要创造性地解决问题,仅有集中思维又是远远不够的。无论我们对问题认识得多么清楚,把矛盾揭露得多么透彻,如果没有思维的发散,没有联想、想象、直觉、灵感这样的非逻辑思维,新的思想还是产生不出来,思维的创新还是没有办法实现。可以说,只有思维的集中,而无思维的发散,不善于多角度地灵活地思考问题,思维就会陷入僵化和刻板。因此,发散思维在创新过程中起着至关重要的作用。离开了思维的发散,创新就无从谈起。

因此,在创新思维的过程中,发散思维与集中思维是辩证地统一在一起的。人们通过思维的集中来明确思维的指向,通过思维的发散来获得多种思维结果。人们的思维发散到一定的程度,就要集中一下,进行比较选择,找出较好的解决问题的方案。然后又在新的基础上再进行发散,在更高的层次上再进行集中。

(三)创新思维是试错与选择的统一

我们已经从抽象的层次上研究了创新思维的过程性机制和结构性机制。如果我们把创新思维作为具体的现实的解决问题活动,从具体的现实的层次上进行考查,那么,它的机制又是怎样的呢?我们认为,在现实的解决问题活动中,创新思维之四个阶段及两种思维形式的统一,又具体地表现为试错与选择的统一。可以说,试错与选择的统一,构成了创新思维的现实性机制。

我们知道,人们的创新思维,都是围绕一定问题而展开的,都是针对着一定的目标而进行的。离开了特定的问题,离开了特定的目的,人的思维不但不可能存在,甚至不可能发生。由于在创新思维中,人们所面对的问题超出了已有知识经验的范围,由起点到目标的路径是不清楚的。因此,它需要人们通过不断的探索,来寻找由问题的起点通向目标的途径。人们在创造性解决问题过程中所进行的思维的探索,称之为思维搜索。

在实际的解决问题过程中,人们的思维搜索具有以下的特点。

一方面,由于在创新思维中,人们所面对的都是些陌生的问题,因此,要想成功地解决这些问题,就要求人们必须进行大胆探索。它要求我们必须大胆地展开发散思维的翅膀,运用联想、想象、直觉、灵感等非逻辑的方法,以促使自己的思维打破原有的思路和空间,突破原有的框框和定势,找到事物及相应思维要素之间新的联系,形成解决问题的新颖的方案和设想。如果形成的方案和设想被解决问题的实践证明是错误的、不适用的,那么就重新进行新的探索。这样的过程,就是所谓的试错的过程。在创新思维过程中,大胆的试错是必不可少的。离开了这种试错,人们就没有办法找到由起点通往目标的路径,也就没有办法成功地解决问题。

另一方面,人有一种本能的利用已有的知识和经验来解决同类的和相似的问题的倾向和本领。因此,人们在进行创新思维,解决那些非常规的问题时所进行的探索,并不是那种毫无目标、毫无根据的胡乱的尝试。而是尽可能地利用已经掌握的知识和经验,充分地运用已有的资料和信息,以减少搜索、试探的盲目性。因此,在人们的创新思维过程中,试探的过程同时伴随着选择。即人们在运用发散思维,提出新的思路和设想的同时,就伴随着对这些思路、设想的评价。通过这种评价,来确定这些思路、设想的可行性及它们对实现目标的价值。这样的过程,就是选择的过程。在创造性解决问题过程中,选择和试错一样,也是必不可少的。离开了这种思维的选择,人们就不可能有效地寻找到由起点通往目标的正确的路径,也不能高效率地解决问题。

可见,在现实的创新思维过程中,人们所经历的问题、酝酿、豁朗、验证的过程,是和试错与选择联系在一起的;人们所进行的思维发散和集中,也不是截然分开的,它们都统一于试错与选择的过程之中。当人们进行尝试、探索时,就已经依据着以往的经验和范例,进行着评价和选择;而人们对解决问题的路径进行选择的过程,又是与大胆尝试、探索紧密地结合在一起的。邓小平同志在改革开放的过程中,号召人们要大胆探索。他提出了一个著名的原则叫"摸着石头过河"。这一原则是对创新思维现实性机制的形象的概括。它实际上就是要求我们在改革开放中,要做到试错与选择的统一。一方面,由于改革开放是前无古人的全新的事业,没有现成的经验,只能靠我们在实践中去探索,所以要大胆地试、大胆地闯;另一方面,我们又不能离开以往的经验和教训,去进行盲目的试探,而是要紧密地结合以往的实践经验,用以往实践中总结出来的经验作为搜索的指导原则。这样一步一步地摸索前进,一步一步地逼近目标。正是在这样的尝试和总结相结合、试错与选择相统一的过程中,我们才创造性地走出了一条改革开放的新路。所以,我们认为,试错与选择的统一,是创新思维的具体的现实的机制。

二、创新思维的发生机制

(一)创新思维发生机制是知识经济、政治与文化因素的统一

》》 1.知识经济对创新思维发生的影响

21世纪以经济发展为中心的发展趋势,经济机制决定着社会发展的步伐,同时也决定着人类对创新思维知识研究的进程。社会面临着知识经济的挑战。知识经济是一种以“创新”为驱动的经济创新,是发展经济的生命和源泉。经济决定着创新思维的研究,创新思维的研究也推动着经济的发展,二者相互补给才能促进社会的发展。正如江泽民同志曾提到的:“创新是一个民族进步的灵魂,是一个国家兴旺发达的不竭动力。如果自主创新能力上不去,一味靠技术引进,就永远难以摆脱技术落后的局面。一个没有创新能力的民族,难以屹立于世界先进民族之林。”这句话科学而精辟地阐述了创新思维与知识经济,在发展一个国家经济建设中所具有的重要地位与影响作用,对国家的发展意义十分重大。

经济的形成与发展不仅将改变人类生产和物质文明的面貌,同时也将影响和改变人类的思维方式。经济增长方式不再以消耗资源与获取资本,作为推动经济发展的主要手段,知识的创新和利用将成为最重要的经济因素和生产因素,学习、掌握、运用已有的知识创造新的知识,将成为社会发展的动力。为了实现二者相互促进的作用,必须实现人的思维观念的转换,建构起与新的知识经济形态下相适应的创新思维方式,从而提高人们的创新能力。这并不是意味着我们要抛弃辩证的思维方式,而是要在此基础上,形成崭新的适应新的经济发展要求,以新的观念、新的价值取向及新的视角等新的方式去思考问题。换句话说,就是奠定在唯物辩证思维基础上的创新思维,这将成为21世纪占据主导地位的思维方式。

社会的发展及经济形态的转变,同样也离不开思想和观念的不断解放与更新。观念更新、思维方式变革的过程存在着两种方式:一种是思维主体的主动选择,即在思维客体运动变化的过程中,随着其变化时主动地进行自我调整与改变。另一种是被动选择,即思维客体发生改变以后思维的主体不得不随之变化。两者之间则有一个相对较长的时间滞差;在世界工业经济时代向知识经济时代转轨的时期,首先转变思想观念就有可能抓住机遇而迅速发展。因此,我们应积极主动打破传统的思维模式束缚,树立创新的思维方式,以主动的姿态迎接挑战。

知识经济与创新思维在相互促进的同时也具有相互制约的性质,弗朗索瓦·佩鲁曾指出的经济增长不过是手段而已,各种文化价值是加速增长的动机的基础,并且决定着增长作为一种目标的合理性。说明经济增长不是真正的目的,而是作为一种手段要受到各种文化价值的制约。然而,创新思维的发展恰恰是推动知识经济发展的重要动力。知识经济本身也不是纯粹的经济或知识的现象,它是知识与经济的融合,是产生知识经济的功能。著名经济学家罗宾逊也曾说过:"研究经济现象和过程的经济学绝对不可能是一门完全纯粹而不掺杂人们价位标准的科学。"知识经济的发展关系到对思维方式和创新思维的制约,关系到人与社会、人与人之间的关系,包括人的思维的创新要服从于并服务于人与自然的和谐及其矛盾的解决。

▶▶▶ **2.政治机制是创新思维发生的保障**

自 14 世纪文艺复兴开始,由于工商业的发展及资产阶级的兴起。欧洲社会逐渐摆脱了罗马教廷的控制并走出了"黑暗的中世纪"。人们开始创造性地寻找"人"的价值,把人的需求和价值看作第一位。精神上的解放使得创新活动层出不穷,文学上出现了彼得拉克、维加、薄伽丘和莎士比亚等一批著名的文学家。他们的创新性不再是以"神"为主体写作,而是将人作为其作品的核心,主张人的解放,反对神权对人权的压迫,反对罗马教廷的禁欲主义,提倡人要勇于发现自己,肯定人权、反对神权。这种人与神在思维认知上的创新,如果没有宽松的政治环境几乎是不可能发生的。然而不仅是文学,在科学、艺术和地理等方面也出现了诸多的创新思维,改变世界进程的地理大发现也是在此时开始的。各个派别根据自己的思想发表学说,以说服各个诸侯国采用自己的思想,这些学说彼此间竞争,但又相互促进和发展,这在思想上形成了空前繁荣的景象。影响中国数千年儒家的"仁道"思想、墨家的"相爱"思想、道家的"无为"思想和法家的"法、术、势"思想均是春秋战国时期产生的。

▶▶ 3.社会文化机制是创新思维发生的底蕴

思维是人脑对所接触信息的分析和整理时在人类所接触的信息中。知识是最有价值的。知识,是指人类在实践中对客观事物的认识。是人类本身长期实践活动的成果。它所涵盖的是事实、描述和在实践中获得的技能,是理论的,也是实践的。它不仅明确了人类的行动目标,还发展了人类的能力及使得精神健康发展的重要条件。认知心理学家研究指出:一个领域的专家至少需要在头脑中积累5到20万个知识的组块,而这些知识的积累大概需要十年的时间。因此有的心理学家称之为"十年定律"。这已被许多心理学家、创新领域的专家通过多种研究方法获得证实。由此可知,知识量的积累不是个人所能完成的,而是要靠几辈人的努力,待时机成熟才会产生重大的创新思维成果。因为无论是科学家,还是具有高水平创新思维的专家都是常人的思维,其具有一般性、普遍性,还是要以丰富的知识为基础。人们只有掌握丰富的知识,才能够清楚地看待事物的本质,从而进行更深入的了解。人们占有的知识越丰富,思维所能选择的信息量就越多。思维扩展的空间也就越大,信息与信息之间的联系也会更加紧密,联想、幻想也更容易发生,思维创新的可能性也就大大增加了。在掌握大量知识的同时,知识的结构也同样重要。在我们接触到众多知识种类中,要提取对我们创新有用的知识。物理学家在创新上所需的是专业的物理知识,是以其本专业知识为主体的,而不是经济学、文学等其他学科知识。因此,知识因素对于发展一个人的创新思维能力起着不可替代的作用。我们应掌握丰富的科学文化知识,紧紧抓住知识这一环节,为创新思维的发展奠定知识基础。

经验同样是创新思维必不可少的一部分,经验和知识联系的十分紧密。经验主义主张经验是一切知识的唯一来源。这种看法片面地夸大了经验和感性知识的作用。人类的经验的确可以产生知识,但经验并不完全是知识,知识是理性的,而经验不一定是理性的,经验也可以是感性的。经验强调的是人作为一个活动主体在经历或观察一件事后所获得的心得,并且能够将这种心得应用到以后的实际生活中。

知识和经验需要在人脑中融合和渗透。不能偏向于任何一方。知识与经验只有结合在一起才能够得到合理的知识结构。我们不仅要注重理论知识学习,还要注重实践获取得的大量实践经验。要做到理论联系实际、理论与实际相结合。

在学习知识的同时,我们尤其是要注重学习前沿性的知识。因为创新思维的本质特点就是对原有思维的突破,具有新颖性。各个学科前沿的问题是创新思维最容易发生的领域,如果不了解前沿的知识,就很难在创新上达到突破。前人的经验告诉我们知识与经验对创新思维有着重要的作用,对于培养创新型人才来说,必须使其占有丰富的知识和经验,并合理调整所具有的知识结构,才能为创新思维奠定知识经验基础。

(二)创新思维的发生是逻辑与非逻辑的统一

▶▶ 1.创新思维发生必然经历逻辑思维的过程

逻辑思维是依据一定的系统知识、遵循特有的逻辑程序而进行的思维活动。它以揭示和把握事物的内在本质及一般规律为根本任务,具有严密的逻辑性。其内容与工具是一系列抽象的概念、判断及推理。人们思考问题的思路往往按着确定性、单一性、重复性、不可逆性和重复性发散出去,很少会考虑可能性、选择性、偶然性和不确定性的地位。在这种背景下,自然而然突出了逻辑思维的地位。但是逻辑思维本身具有很多局限性。

▶▶ 2.创新思维发生离不开非逻辑的重要思维方式

非逻辑思维应包括逻辑思维以外的思维形式,但现在一般指形象思维、直觉思维。形象思维的形成不同于逻辑思维。在其形成过程中,输入大脑的是外界的色彩、线条、形状等形象信息,大脑则通过联想、想象、象征和典型化等方法对这些信息进行加工整理,从而创造出某种独立完整的形象。并以这种形象揭示出生活中及周围事物的本质和存在状态。形象思维具有具体性、直观性、可感性。形象思维中所包含的直观性和真实性,往往能先于理论思维,从而使人们把握到事物的本质。

直觉思维是通过下意识,即不知不觉、没有意识的心理活动时直接把握对象的思维过程。它未经有意识的逻辑思维时直接获得某种知识。这种无意识"把思维过程简化、模式化,省略了许多思维的重复和细微过程,并使认识产生某种飞跃,或者表现为对某一问题的突然"顿悟",或者表现为某种创造性观念和思想的突然降临,即"灵感"的出现。归根到底,"顿悟""灵感"都是直觉思维的不同表现形式。直觉思维具有下意识性、非逻辑性、突发性。

➤➤ 3.逻辑思维和非逻辑思维的互动激起创新思维发生

逻辑思维与非逻辑思维存在着相互区别、排斥的倾向。逻辑思维按严格的规则进行，而非逻辑思维则以其他方式进行。逻辑思维有单一过程的严密性、不可逆性、确定性。而非逻辑却没有严格的规则，具有偶然性、可逆性、不确定性，较之于逻辑思维更富有开创性。同时，逻辑思维与非逻辑思维又具有相互渗透、相互促进的一面。在创新思维过程中，逻辑思维时常借助非逻辑的形象思维、直觉、灵感思维取得突破并得以具体化。如原子结构理论的建立便是借助于电子环绕原子核旋转的模型的想象。公安人员在侦破案件时，往往会直觉出案件的真相。然而这并非案件水落石出之前根据逻辑推理所能推知的。当然，他们会根据直觉来调查取证，直到符合逻辑程序充分证明结论的客观性为止。事实证明，大多数优秀的侦破人员都具有超乎常人的直觉能力。同时，逻辑思维又为形象思维、直觉思维、灵感思维明确了方向，同时加快了创新思维的进程。大量的逻辑思维成果一经成熟便在头脑中"程序化""惯性化""内化"。非逻辑的直觉、顿悟等思维活动不能脱离概念、判断、推理等逻辑的思维活动。它们必须以一定的逻辑活动为基础。非逻辑性的直觉思维并不是没有逻辑，只是处在潜在的状态。非逻辑性的直觉思维事实上包含两个方面上的含义：一是指问题与结论直接结合，没有显示出中间的逻辑过程。打破了常规的思维活动程序；二是指没有按现有逻辑进行推导，体现出的是新的逻辑形式与规则。逻辑思维与非逻辑思维的界限不是一成不变的，在一定的条件下，二者可以互相转化、互相融合。

在创新思维活动的过程中，少不了想象这种"非逻辑思维"的因素，因为它是创新思维的一种实在的因素，是研究其根本方法之一。就想象本身而言既是逻辑的，又是非逻辑的，是逻辑思维与非逻辑思维的对立统一激起的。想象，是人脑对事物的某种属性、规律、结构形式和状态进行的加工和改造，从而创造出的新形象的过程。想象具有形象性，因为想象的产生不仅要靠形式逻辑中的判断和推理，还要把各种记忆印象系统地组合起来，用事物的具体形象来直接塑造思想产品。想象富于形象，它能够创造概念和概念体系的直观模型。想象还具有灵活性，是一种受制于逻辑又超脱逻辑的自由的思维活动，它可以从特殊到一般，从同类扩展到异类，从通常认为相同中想象出不同的地方。想象在同类中一般是从特殊到一般、从个别到普遍、从或然到必然、从假设到再定。在创新思维活动过程中，创新的主体只有灵活地发挥自己的想象能力才能使自己才思敏捷、浮想联翩，达到充分发挥创新思维的能力。

　　创新思维的成果首先是逻辑思维的结晶,创新思维的产生过程里面有绝对严密的逻辑思考,任何一道程序连接不上,任何一个步骤出了问题,都将前功尽弃。尤其是当创新思维进入紧要关头的时候,思维主体注意力高度集中,思维活动极为活跃,灵感会突然闪现。灵感是人类创造性认识活动中一种非常神奇、美妙的精神现象。灵感会随着现代的信息化而更易触发,会随着现代社会的日渐高智能化而更加发展,会随着现代人心态的变化时更加丰富多彩。灵感是创造主体在研究问题时意外得到解决问题的方法。当人们有意识或无意识地从客观世界汲取大量关于某方面的感性素材或是形象素材的时候,其主观心灵世界就在该方面特别敏感,一个偶然的因素就可能致使人们主观世界的敏感与客观世界邂逅,从而爆发出灵感。灵感不仅是对事物表面生动直观的推想,也是对事物规律性的一种猜测。它是一种创新思维的领悟,是一个质的飞跃。

　　灵感的产生具有新奇性、突发性、偶然性,而且还呈现出跳跃式。如果仅按照形式逻辑所研究的思维规律上看灵感是非逻辑的。灵感的形成不一定遵循思维的矛盾律、同一律、排中律和充足理由律。它通常是在原来的思维方向发生中断并转移到另外一个思维方向上时,而得到新成果的。如果按照辩证思维规律,灵感又是具有逻辑的,不是凭空而来的,它的实质是对逻辑过程的压缩和简化,采用了"跳跃"的形式,在刹那间猜测出问题的答案,使某种组合在大脑中的思维一下子建立起来。况且如果想要证明灵感的成果,思维主体还必须把结论产生的整个客观过程和逻辑过程充实起来。这样才能达到创新思维的完成。这一过程也是逻辑的。可见,逻辑思维要达到自己认识的终点需要有灵感思维的协助,而灵感思维的闪现,证明又要以逻辑思维作为前提和基础,二者相互依存。

第六节　创新思维的基本原理

一、创新思维基本原理的基础

　　创新思维的基本原理是创新思维中具有普遍意义的原理和规则。它必须以创新思维的本质为基础。因此,在研究创新思维的基本原理之前,讨论创新思维的本质及与此相联系的创新思维的阻碍因素是非常必要的。

什么是创新思维的本质呢？

我们认为，创新思维是相对于习常性思维来说的，它是一种超出已知的认识范围，具有开创意义的思维活动。它是人们面对新的问题和领域，运用新的认识方法，开创新的认识成果的思维。因此，也可以说，创新思维就是必须产生新东西，必须出"新"的思维。

正因为创新思维是必须出新的思维，这就决定了创新思维的本质在于超越，在于对现有的认识和现存事物的超越。由于现有的理论、学说、知识等精神性成果和工具、设备、技术、产品等物质性成果及整个社会生产和社会生活的各个方面，都是人类思维和人类实践的产物，而生产这些文明成果的人类思维和人类实践，又必然地会内化于人的头脑，积累、沉淀而成为人的思维方式，因此，一定的认识成果和实践成果总是与一定的思维方式联系在一起的，它们都是某种思维方式的产物。因此，创新思维对于现有认识和现存事物的超越，实质上就是对人们现有的思维方式的超越。

思维方式是人脑反映外部事物的中介，是人脑这个"加工厂"加工外部信息材料的"生产线"。人们把平时学习和实践中获得的知识、经验，形成的观念、方法，积淀、内化于大脑，就构成了一定的思维方式。因此，思维方式的构成要素主要有四个方面，即知识、经验、观念、方法。于是，创新思维对于现有思维方式的超越，就表现为对人们头脑中的现有的知识联系的重组，对已有观念、方法的变革。

然而，构成思维方式的诸要素在人们的实际思维过程中，并不是处于同样重要的地位。其中，观念和方法比知识、经验更具根本性。因为思维方式在人们思维过程中所发挥的加工信息的"生产线"作用是通过一种下意识的、不自觉的方式进行的，因此，在思维方式的各个要素中，越是处于人脑的深层意识、处于人脑的潜意识层的要素，其作用就越大。很显然，在构成思维方式的四个主要的因素中，观念和方法，比知识和经验所处的层次更深，因此它们在人的思维过程中所起的作用也就更大。因此，创新思维的本质，其实就在于对现有的思维方式，特别是对现有的观念和方法的突破。由于创新思维的本质在于对现有思维方式的超越，因此这就决定了阻碍思维创新的主要因素必然来自于思维方式本身。

在思维方式中，阻碍思维创新的主要因素有以下两个方面。

第一，固定观念。人们在实际的思维过程中，反复地运用某种观点、某种认识去思考、评价问题，经过多次重复，久而久之，这些观点和认识被积淀到大脑深层意识之中，达到"无意识""下意识"状态，这就形成了观念。观念作为思维方式的主要构成要素,对人的思维起着巨大的制约作用。在人脑的思维加工过程中,主体对材料的选择、组织,对问题的评价、解释,即主体面对思维对象,能够选择到什么样的信息,对选择到的信息如何进行组合,对问题如何进行评价、解释,在什么样的思维空间里去探求解决问题的思路等,都在很大的程度上取决于观念。也正因为观念是人的思维长期积淀的结果,所以它一旦形成,就具有相对的稳固性和不易更改性。那些深藏于人们头脑中的观念则不愿随着实践和时代的改变而改变。这时,原本适时、适用的观念就变成了过时的、不适用的观念。这样的观念,就是我们所说的固定观念。

固定观念是思维创新的重要障碍。它本能地维护着它赖以存在的实践和社会基础,反对和阻挠思维对现存事物的超越。受固定观念的影响,人们习惯于用老眼光、老套路、老办法去面对新问题。它使人的思维受原有的思维空间的限制,跳不出原有的框框,因而就无法实现对原有认识和现存世界的超越。因此,固定观念是阻碍思维创新的重要因素。

第二,思维定式。思维定式影响和制约着人们思考、解决问题的倾向性。当人们思考问题时,或多或少就会在人们的头脑中留下一种思维惯性,这种思维惯性使人们在解决问题时,倾向于按照原有的习惯性思路进行。因为人们在思考问题时,必然地会使头脑中所贮存的知识和信息之间建立某种联系。这种联系每发生一次,都会使之得到巩固和加强,以至于它们一旦被牢固地建立起来,就很难改变,并最终形成一种习惯性思路。这种习惯性思路就像条件反射一样,它使人一碰到类似的问题,就回到老路上去,重复同样的思维线路。

思维定式与上面所说的固定观念不同。虽然观念也会形成定势,但是,定势并不都是来自观念。思维定式,它更多地来自以往思维过程所形成的某种习惯。思维定式对于解决经验范围以内的一般性的、常规性的问题是有积极作用的。它可以使人们熟练地运用以往的经验,简洁、快速地处理问题,从而具有很高的效率。

但是,它对于那些超出了经验范围的非常规问题,对于那些需要运用新的思路和办法创造性地加以解决的问题,则往往成为一种障碍。它使人们局限于某种固定的反应倾向,打不开思路,从而限制人们的创造性思考。所以,思维定式是思维创新的又一重要障碍。

二、创新思维基本原理的内容

在上述对创新思维的本质和阻碍因素进行研究的基础上,创新思维的基本原理至少应该包括以下四个方面的原理。

（一）陌生原理

所谓陌生原理，是指我们在认识事物的时候，要学会用陌生的眼光看问题。也就是说，当我们在认识事物的时候，无论这个事物在过去有没有遇见过，都要把它当作陌生的事物来看待。哪怕再熟悉的事物也不例外。很显然，运用陌生原理是为了帮助我们冲破头脑中的固定观念和思维定式的束缚，使我们在思考问题时能够把眼前的事物和头脑中已知的东西分离开来，做到"暂时忘掉已知的东西""专注于此时此刻""进入一种纯真的忘我的状态"因为只有这样才能够撇开那些已知的东西、熟知的东西及由此而产生的思维定式的影响，看到别人看不到的东西，发现别人发现不了的规律。

运用陌生原理，要求我们一定要确立怀疑批判意识。对于前人留下的东西、他人的看法，都要用一种怀疑批判的眼光去审视它。要自觉地对传统的东西进行反思，要懂得影响我们创新的往往不是未知的东西，而是"已知"的东西。

运用陌生原理，要求我们要善于对问题进行"再认识"。因为通过再认识可以使我们摆脱传统的看法，发现原来没有发现的东西。在改革开放的过程中，邓小平同志曾不断地号召我们对社会主义进行再认识，对资本主义进行再认识，就是对于陌生原理的运用。但是实践证明了我们的有些认识是不正确的，有些做法是不符合实际的。这就需要我们对这个早已"熟知"的事物进行再认识。邓小平一再指出，"什么叫社会主义，什么叫马克思主义？我们过去对这个问题的认识不是完全清醒的。"这就是说，我们搞了几十年社会主义，对于究竟什么是社会主义，我们没有完全搞清楚。

（二）归本原理

所谓归本，就是归结到本质、本原和事物的本真状态、原初状态。归本原理指的是我们在解决问题时，要努力抓住事物的本质、本原，抓住事物的本真状态、原初状态，在此基础上寻求问题的解决办法。可见，归本原理也是人们的思维超越现有思维方式、突破传统观念和思维定式的需要。当我们深入到事物的内部，抓住了它的本质、本原，弄清了它的本真状态和原初状态，那么就可以撇开事物的外在方面，撇开我们在接触该事物的过程中所形成的观念和定势的束缚，实现思维的创新。

运用归本原理,要求我们在解决问题过程中,要善于回到起点,要努力弄清原先的出发点和解决问题的初衷。因为在人们解决问题的过程中,往往会出现这样的情况,即从起点出发时,目标和方向是清楚的,但是在向目标前进的过程中,为了排除来自这个方面或那个方面的困难和干扰,使得人们完全或部分地偏离了原来的方向,忘记了原来的预定目标,这时候就需要我们运用归本原理,使自己的思维返回到起点和初衷上来,以矫正自己的目标和方向,使问题的解决重新回到正确的轨道上来。例如,在社会主义实践过程中,就遇到这样的情况,马克思的科学社会主义理论有一个基本的理论前提,所以才会必然地被另一种能够适应生产力发展要求的社会主义生产关系所取代。在这里,社会主义的出现、存在、发展和最终取代资本主义,从根本上讲都是取决于生产力因素。但是,在我们以往的社会主义实践中,出现了"左"的倾向,过分地夸大了阶级斗争,夸大了生产关系的作用,忽视生产力的发展,从而导致严重的失误。以邓小平为代表的中国共产党人,成功地运用了归本原理,创造性地开辟出一条有中国特色的社会主义道路。

运用归本原理,还要求我们善于从功能的角度去把握事物。唯物辩证法告诉我们,世界上的事物都是作为系统而存在的,事物都是由一定的要素、按照一定的结构,而形成的具有一定功能的整体。要素和结构是构成系统的基础,但功能是系统存在的目的。一个系统存在的意义,归根结底在于它的功能。因此,系统的功能比起它的构成要素处于更高的层次。它是系统的本质、目的、意义和价值的体现。在认识事物、解决问题的过程中,我们要善于采用"功能性"认识方法。因为这样的认识方法可以帮助我们准确地把握事物的本质,把握事物的目的性、本原性的东西。随着全世界范围内经济、政治、科技的发展,随着我国社会主义市场经济的发展,我国的社会结构发生了和正在发生着深刻的变化,工人阶级本身的结构也在发生着变化。在这样的变动面前,如何科学地认识党的先进性,唯一正确的办法是从功能的角度进行把握,即"党的先进性是具体的、历史的,必须放到推动中国先进生产力和先进文化的发展中去考查,放到维护和实现最广大人民根本利益的奋斗中去考查,归根结底要看党在推动历史前进中的作用。从这样的角度认识党的先进性,就从根本上把握住了共产党存在的目的和价值。如果我们党真正做到了"三个代表",那么就会永远走在时代的前列,永远保持先进性,永远立于不败之地。可见,创立"三个代表"重要思想,是运用归本原理的又一成功范例。

(三)诉变原理

诉变,就是诉诸变化。它指人们在解决问题过程中,要善于在思路上进行变化、变换，以求得问题的解决。运用诉变原理，就是要求我们通过变换，来打破头脑中的固定观念和思维定式的束缚，达到思维创新的目的。

运用诉变原理，要求我们在解决问题时，要善于变换思考的方向和角度。它要求我们在碰到新的非常规问题时，一定要自觉地变换思路，有意识地强迫自己去尝试不同的甚至相反的思路。人们通常说的"逆向思维"方法，实际上就是对诉变原理的运用。

运用诉变原理，还要求我们善于对问题的结构进行变换。人们解决问题的思维，总是紧紧地围绕着问题的目标进行的。所谓问题，就是理想状态与现实状态之间的差异。人们解决问题，就是设法消除这个差异，使事物由现实状态达到理想状态。事物的现实状态，构成了问题的起点，人们所预想的事物的理想状态则构成了问题的目标。人们解决问题的过程，就是围绕着问题的目标，依据现有的条件，由问题的起点出发，探索、寻找实现目标的手段、途径，并最终达到目标的过程。由于事物之间的相互联系，使得问题的目标之间往往存在着一定的层次性，即某个问题的目标，可以分解为若干个子目标，这些子目标又可以进一步再分解为更具体的低层次目标。反过来说，我们解决了某个问题，实现了某个目标，往往是服务于解决更高层次的问题，服务于实现更高层次的目标。因此，当我们遇到难题解决不了时，可以采取目标变换的方法，围绕新的目标展开思维，寻找实现的办法。如果我们实现了上一层次的目标，那么就等于从根本上实现了原目标。

（四）中介选择原理

所谓中介，是连接问题的起点和目标的桥梁和纽带，是人们解决问题，由起点到目标所必须经过的路径。中介选择原理告诉我们，在解决问题时，必须尽全力找出由起点通向目标所必经的那一中介环节，并以此为突破口和指导原理，来确定解决问题的策略和实现目标的途径。很明显，中介选择原理是我们打破常规，在关键点上取得突破的重要方法，因此它也是创新思维本质的要求和体现。

运用中介选择原理，首先要求我们在解决问题过程中，一定要善于寻找由起点通向目标的关键点和必经环节。在人们解决问题，由起点通往目标的道路上，往往需要采用多种措施，而这些措施在解决问题中所处的地位是不一样的。其中有的措施带有根本性、关键性、不可或缺性。如果离开了或缺少了这些措施，那么问题就无法得到解决。因此，在解决问题过程中，我们一定要着力去寻找这些根本性、关键性的措施，一旦我们找到了它们，那么就有可能使整个问题解决过程出现突破性进展。

在中国人民解放战争当中，我军面对的是数量比自己多几倍、装备比自己好得多的国民党军队，如何才能由劣势转为优势，并最终取得战争的胜利？一个必要的措施就是在解放军在总体上处于劣势的情况下，在每次战役中使解放军在数量上处于优势。于是，毛泽东同志制定了著名的"集中优势兵力，各个歼灭敌人"的战略。并以此为指导来确定其他战略。终于迅速取得了解放战争的胜利，创造了人类战争史上的奇迹。可以说，毛泽东同志对上述战略的制定，是运用中介选择原理这一创新思维原理，成功地进行创造性思维的光辉典范。

第四章 大学生创业素质

创业素质是创业者开始创业实践前所经历的物质与精神力量的聚集过程。它不仅有助于创业者明确创业目标,积极把握创业机遇,进行有效的创业决策和将创业计划付诸实施;而且为创业者在创业过程中克服各种困难,战胜各种挫折、解决各种问题、增强心理素质提供有效手段。因此,创业素质对创业者的成败起着决定作用。在经济全球化发展的时代,要想在激烈的竞争中立于不败之地,就必须要有创业精神,而创业素质是创业精神的具体体现。因此,创业素质就成为大学生创业学研究的热点问题之一,对大学生创业具有非常重要的理论价值与实际意义。

第一节 大学生创业意识

一、创业意识的概述

人的心理是人脑对客观现实的积极反映形态。心理活动具有不同的形式,意识是心理活动的最高形式,是人所特有的心理现象,它是人在生产、生活实践中、用语言与他人交往的过程中,在一定的社会历史条件下形成的。意识一经产生,它又反作用于客观现实,在人的实践生活中起着特殊的重要作用。概括地说,意识是一个多维度、多层次的心理系统,具有复杂的结构,为人类所特有。例如,我们承认动物也有心理,它们能看、能听,甚至也有一定的情绪表现,高等动物如猿猴还会有简单的思维活动,但是它们没有意识。因为它们没有语言,无法进行抽象思维,不能进行有目的、有计划的复杂活动。

创业意识是指一个人根据社会和个体发展的需要所引发的创业动机、意向或愿望。大学生创业意识则是大学生根据社会和自身发展的需要所引发的创业动机、创业意向或创业愿望。创业意识是人们从事创业活动的出发点与内驱力,是创业思维和创业行为的前提:需要和冲动是构成创业意识的基本要素。创业意识是创业的先导,它构成创业者的创业动力,由创业需要、动机、意向、志愿、抱负、信念、价值观、世界观等组成,是人们从事创业活动的强大内驱力,也是人进行活动的能动性的源泉。正是它激励着人以某种方式进行活动,向自己提出某种目的并力图达到和实现,从而表现出一个人的精神面貌。

二、创业意识的特征

(一)社会历史制约性

创业意识是以提高物质和精神生活的需要为出发点的。这种需要在很大程度上取决于具体的社会历史条件。因此,人的创业意识的激发、产生受历史条件制约,具有社会历史制约性。科学家对人类大脑的研究表明,不同人的大脑潜能几乎是相同的,人人具有创业潜能,这是它的自然属性。但是在社会实践领域中我们发现,人与人创业能力的差异却相当大,究其原因,即各种社会因素、历史条件作用的结果。如,是否具有创业的社会历史环境、鼓励和激发创业的教育方式与文化形态及相应的创业机制等。当今社会,随着科学技术的进步和劳动生产效率的提高,经济增长对就业的吸纳能力将会不断下降,就业缺口也会不断扩大。鼓励大学生自主创业,既能解决大学生自身就业难的问题,还能为社会拓展就业渠道,更重要的是能满足大学生自我实现的需要。因此,现代大学生应强化创业意识,主动适应社会与时代发展的现实需要。

(二)综合效应性

创业意识中的需要、动机、意向、志愿、抱负、世界观等属于非智力因素范畴。在实际的创业活动中,一个人的创业意识与他的兴趣、爱好、情感、意志等非智力因素相关联而发挥综合作用与效应,若个体对某一对象或领域并无兴趣或爱好,那就很难激起其创业意识。同时,创业意识还是意志的一种表现,是情绪情感的一种升华。

(三)协调性

创业意识的协调性是指创业动机与创业效果二者的一致性。创业动机应以创业效果为归宿,而创业效果又体现并反映出创业动机。坚持创业动机与创业效果的协调性,首先要求讲究社会效益,其次才能追求经济效益。协调性还说明两者之间保持一定的数量关系。动机过程的强弱会引起效果的相应变化,这种关系可由美国心理学家叶克斯·多德森定律予以揭示。效果与动机强度有密切联系。你可能设想,如果动机强度不断增强,有机体的活动就会越高涨,活动的效果也就越佳。但事实并非如此,活动动机很低,对工作持漠然态度,工作效果是不好的;然而当动机过强时有机体处于高度的紧张状态,其注意和知觉的范围变得过于狭窄,反而限制了正常活动,从而使工作效果降低。例如,在复习中做了充分准备的学生一心想考出好成绩,往往在考试中不能充分发挥,甚至不及格,就是因为其动机过强,反而降低了考试效果。因此,为了使活动卓有成效,就应避免动机强度过高或过低。

在各种活动中都有一个动机最佳水平问题。动机最佳水平因课题的性质不同而不同。在比较容易的课题中,工作效果有随动机提高而上升的趋势;而在比较困难的课题中,动机最佳水平有逐渐下降的趋势。这种现象,是叶克斯和多德森通过动物实验发现的。随着课题难度的增加,动机最佳水平有逐渐下降的趋势,这种现象称为叶克斯—多德森定律。该定律说明了动机与效果的协调性,即任何动机都有一个限度,若动机超过这个极限,效果就会下降。

(四)可强化性

创业意识是创业思维和创业行为的必要准备。因此,对于每一个希望创业的人,都必须首先强化创业意识。创业道路是艰辛的,其原因主要是难以发现和把握商机及资金和自身能力不足等。但是没有一位大学生认为自己完全不具备创业素质。只有少数大学生因受传统思想影响,不愿走自主创业之路,把找工作寄托在父母及亲友身上。因此,强化大学生的创业意识是高校工作的当务之急。教育实践证明,创业意识是可以强化的,而注意进行早期强化的创业意识的工作对创造力开发及增强创业能力均会产生良好的催化剂作用。强化创业意识,一般通过组织大学生创业计划竞赛活动,褒奖发明创造,形成鼓励独创性的风气,鼓励和培养大学生的创业精神及讲授创业技能,实施创业教育等途径,可收到明显效果。

三、大学生创业意识的内容

(一)确定的人生目标

增强创业意识,首先要提升个体的创业价值理念。俗话说"只有想不到的,没有做不到的"。要培养创业意识,就要有明确的人生目标,人生目标属于创业的价值理念,只有明确了人的价值及人生的意义,才能尽早确立个体的"追求目标",最大限度地发挥个人创业的积极主动性。美国哈佛大学一位资深人生咨询专家、心理学教授认为,Choice is destiny(选择决定命运)。他指出,确定的目标、前沿的思考和平衡的心态是事业成功的要诀,其中把明确的目标排在事业成功的首位。

创业作为一种社会实践活动,是在一定的意识和目的支配之下进行的。同样是进行创业活动,有的创业者是为了展现并提高自己的才华和能力,有的则为了积累物质财富,还有的希望改变自然或社会面貌。不同的创业目标与价值理念,体现了不同的人生目的,也体现了不同的创业人生价值。人的自我价值反映了个人在实现人生价值过程中所持的态度和看法,只有抱持积极向上的个人价值观,将自我价值与社会价值和谐统一起来,才能体现真正的创业人生价值。

人的价值判断是以个体的需要为依据的,需要是有机体内部的某种缺乏或不平衡状态,它表现出有机体的生存和发展对于客观条件的依赖性,是有机体活动的积极性源泉。人本主义心理学家马斯洛的需要层次理论认为,人类价值体系中存在不同的需要,人的基本需要可以归纳为五类,其强弱和先后出现的次序如下。

首先是生理需要,如对于食物、水、氧气、性、排泄和休息等的需要。这些需要在所有需要中占绝对优势,具有自我与种族保存的意义,以饥渴为主,是人类个体为了生存而必不可少的需要。

其次是安全需要,如对于稳定安全、秩序、受保护、免受恐吓、焦躁和混乱的折磨等的需要。如果生理需要相对充分地得到了满足,就会出现安全需要。

再次是归属和爱的需要,如需要朋友、爱人或孩子,渴望成为群体的一员、在团体中与同事间有深厚的关系等。如果生理需要和安全需要都很好地得到了满足,归属和爱的需要就会产生。

然后是尊重的需要,即渴望成就、名誉和地位等,希望维护自尊、赢得他人的尊敬并尊重别人。

最后是自我实现的需要,就是促使自己的潜能得以充分发挥和实现的趋势。这种趋势是希望自己逐渐成为所期望的人物,完成与自己的能力相称的一切。例如,音乐家必须演奏音乐,画家必须绘画,这样他们才能感到最大的快乐。自我实现的需要是人类基本需要中最高层次的需要,但不是每一个成熟的成年人都能自我实现。

因此,确定的人生目标,对自我价值实现的追求应成为创业意识的首要内容。

马斯洛就十分重视人的潜能和价值,认为自我实现的人是人类中潜能得到充分发挥的最好典范,是最有价值的人。在社会主义制度的条件下,个人的人生目标与自我实现不仅应当而且必须与社会的需要结合起来,才是最有价值的。真正的自我实现者,只有在与社会、他人的和谐共处中才能得以实现自我。如著名的实业家田家炳、邵逸夫等热衷于教育和公益事业,美国国际数据集团总裁麦戈文资助希望小学等,都是在个人创业的同时追求对社会、对他人有所贡献,达到了实现自我价值与社会价值的统一。事实上,也只有把自我价值与社会价值统一起来的创业者,才能获得创大业的机遇和成功。确定的人生目标是积极实现创业的人生价值的前提,特别是处于信息化时代的大学生更应首先明确人生的意义和价值、早日确立创业目标。因而,只是空泛地说"我要创业、我要成功",是没有用的,你必须确定你追求的成功的具体评价标准。

(二)敏锐的商业意识

创业者需要有前瞻性意识。创业者创办一个新的企业,必然要考虑企业的未来定位,只有意识超前,才能使创办的企业在未来有一个合理的定位。正是因为具有前瞻性的意识,才能使创业者具有创造性或创新性,才能与众不同,才能使新创企业具有其他企业所不具备的新意,才能使创业者创业成功。

创业者的前瞻性意识集中表现为敏锐的商业意识。商业意识是人们在经营实践中,在获取信息的基础上,把握市场趋向的一种思维活动方式。商业意识的形成及培养,对创业者捕捉商机有着至关重要的作用,也是创业者创业的必备条件之一。商业意识既指经营者在经营活动中要按照商品经济的运行规律办事的思想观念,也指经营者寻找、创造商业机会的思维活动。

商业意识的形成和发展,需要一定的主客观条件。客观条件主要是指人存在和活动的社会历史条件与客观环境,即一定的社会政治、经济制度,社会生产力和经济发展的状况,科学文化、教育发展的水平,国家的路线、方针、政策等。社会经济活动是按商品经济和市场经济的运行机制来进行的。任何生产经营活动都要讲求经济效益,在这样的环境中当然会有强烈的商业意识。因此,市场经济和商品经济的运行机制是人们商业意识产生的客观社会经济条件。主观条件主要是指个人对商业活动的关注,并有志于从事生产经营活动及具备相关的经济知识。这也是商业意识形成的主导因素。例如,一个人有丰富的经济知识和商业知识,但仅仅停留在理论研究上,并不想去创业、去经商,因而也不会形成商业意识。因此,个体应正确认识并充分利用自身优势,发挥主观能动性,积极创造条件,克服不利条件,选准创业与奋斗目标,充分发挥个人的聪明才智,以坚韧不拔的毅力,顽强拼搏,克服困难和挫折,创造优异成绩,还要学会分析自己周围的环境,善于学习他人的长处,不断充实自己,增长才干。商业意识需要后天的培养与锻炼,既可以通过耳闻目睹及书本知识的学习来逐步树立,亦可在具体的实践中不断发展和深化。

(三)科学的经济头脑

在资源条件和市场条件相同的情况下,有的创业者具有丰硕成果,而有的创业者可能只有较小成果,甚至血本无归。造成这种差异的重要原因之一就是创业者是否具有科学的经济头脑。以较小或最小的投入获取较大或最大的成果与产出是科学经济头脑的集中反映,经济头脑是创业者必须具备的创业素质和创业意识之一。

所谓经济头脑,是指人们根据经济运行趋势和经济活动规律,对自己所拥有的经济资源进行投入,以期获得更大的成果并对自己的经济行为能否创造优异效果所做出的分析、判断和决策的一种思维能力。这一概念有着丰富的内涵。具有科学经济头脑的人,不只对经济的局部问题有独到见解,而且对经济的整体运行也能做出大体正确的判断,并能提供有价值的决策参考意见;不仅具有战略眼光,能在某一经济领域或范围内对事物之间的联系进行分析判断,而且能运用所拥有的资源在经济活动中创造和增加价值,实现预定的经济目标;一般不太注重一时的利益得失,而是将眼前利益和长远利益结合起来加以考虑,更注重长期利益。尤其是在收益与风险并存的情况下,对某种经济利益的放弃或追求更是科学经济头脑的具体表现。科学的经济头脑还包括对某项经济活动事前所做的预测与估算,即对经济活动中投入与产出的较强核算能力。有了这样的经济头脑,创业者就能够根据自身情况与市场情况,对所要进行的经济活动能否产生经济效益进行较为准确的预测,从而决定是否进入市场,何时进入市场,进入何种领域市场等,它强调的是对市场前景的分析能力,也是从微观的角度去认识行业经济对经济主体的利益影响,侧重于对资金的使用,我们认为,对创业而言,这一点至关重要。

因此,创业者经济头脑的具体表现,就是在实际经济活动中对经济知识的正确和灵活使用,正确使用是指在运用经济知识分析经济、市场情况时,要根据基本的经济理论知识,采用科学的分析方法。如,分析宏观经济形势就需要运用宏观经济学知识;要找出本企业某一时期产品销售的变动特点和规律就需要应用对比方法;要分析微观情况就要运用微观经济学方面的知识,在什么情况下资源得到最佳利用,产量多少时成本最小而利润最大等。灵活使用是指据实际市场和经济变化情况,打破常规、当机立断及时调整经营策略,使不利的经济形势向有力的经济形势转变。如价格策略的使用,在供大于求的情况下,多数商家往往采用降价来达到促销目的,而个别企业却反其道而行之,结果销量大大增加。总之,科学经济头脑的形成,除了深厚渊博的经济知识以外,市场实践活动也是其形成的重要途径。

第二节　大学生创业知识

一、坚实深厚的专业知识

专业知识是指与创业目标直接相关并发挥作用的知识体系,是对本领域研究对象或工作起直接指导作用的理论体系。在形式上表现为某种性质或类别的学科知识,如机械、电子技术、动力工程、航天、管理等自然科学和社会科学方面的知识。专业知识对于创业者确定创业目标有直接作用。要在某一领域开展创业活动,就必须深入了解该领域的活动及发展规律。可以说,专业知识就是对某一领域内事物发展规律的概括和总结。掌握的专业知识越多越深,创业活动就越能有效地开展。综观近年来在高科技领域取得成功的创业者,无一不具有深厚扎实的专业知识。他们中有些人虽然未经过系统的专业教育和培训,但是也在实践中不断摸索总结出事物发展的规律,积累了大量相关知识。20世纪80年代末90年代初,我国掀起了"下海"热,不仅机关干部下海,学校教师下海,文艺界、体育界等人士也下海。然而,真正的创业成功者却寥寥无几。究其原因,就是由于大多数人只凭热情和闯劲而缺乏真正的创业本领、缺乏应有的专业知识之故。例如,有些人连起码的经济、法律基础知识都不具备,这样去"创业"又怎么会成功呢?

大学生创业,专业知识已基本具备。因为大学生在校学习期间已掌握了某一领域的大部分专业知识,但还有个多少和深浅的问题。因此我们一定要充分利用时间、管理好时间以学好专业知识,这是将来开展创业的第一要务。创业不是简单地谋生,而是对确定的创业目标和更高理想的追求。要想到达成功的彼岸,就必须打下坚实的专业知识基础。为此,创业者在构筑自己的知识结构时应特别注意:第一,坚实深厚的专业知识是指形成合理有序的知识结构而非大量系统全面的知识;第二,要注重在创业实践中运用专业知识,将各类知识转化为解决实际问题的能力。大学生必须在创业前和创业实践中不断丰富和发展自己的专业知识。

二、广博稳固的非专业知识

专业知识是创业成功的基本条件,而非专业知识如经营管理知识、综合性知识(社会技能、方法论等方面的知识)等对成功创业也起着至关重要的作用。只有通过广博、稳固的非专业知识的辅助,专业知识的作用才能得以充分发挥。在知识经济时代,"T"型知识结构愈来愈重要,不仅专业方向的知识要深,而且与之相关的知识要广。只深不广,就会由于知识面的狭窄而无法看到事物之间的联系。只广不深,对事物的认识则只能停留在肤浅的表面,不能揭示事物的本质、把握事物发展的规律。只有具备了深厚的专业知识与广博的非专业知识,才能正确分析形势和事物的发展趋势,把握全局,有独到的见解和谋略,才能认清事物的本质和规律,最终实现自己的创业目标。

非专业知识是指创业领域专业知识以外的其他有关知识,既包括经营管理方面的知识,也包括方法论等方面的综合性知识,既包括创业所需的法律知识,又包括相应的商业知识等。在市场经济条件下,任何一个创业者的活动,都要与一定的经济利益相联系,都要实现价值增值。因此,对于有志于投身创业的大学生来说,学习与创业相关的商业知识,是必不可少的。此外,每个人在创业过程中都会遇到这样那样的法律问题。具备创业所需的法律知识也是创业成功的前提条件,当今的大学生并不缺乏法律观念,但可能缺少创业者所应有的法律知识。因此,掌握一些基本的法律知识,对于创业活动大有裨益。最后,广博稳固的非专业知识还包括创业所需的其他知识,如社会学知识、营销学知识、广告学知识、人际关系学知识、人类学知识及心理学知识等,这些都需要大学生在日常学习中不断加以强化和积累。

第三节　大学生创业能力

创业能力是大学生创业素质的一个重要方面,是创业者顺利完成创业活动所必须具备的心理特征。它总是和创业活动相联系并表现在具体的创业实践之中,是决定创业成功与否的关键因素。创业能力是一种综合能力,与创业的成败直接相关。它既包括专业能力,也包括经营管理能力,既包括创新能力、学习能力、认知能力、信息处理能力,也包括人际沟通能力、社会协调能力、公关能力等。大量的事实与经验表明,科学合理地配置人、财、物及时间、空间的能力,发现机会、把握机会、利用机会和创造机会的能力,收集信息、加工处理和分析信息的能力,学习能力,良好的社会公关能力等,都是创业者创业能力的具体表现,是创业能否成功的重要影响因素。除了创业必备的专业能力之外,以下应成为大学生创业者着重培养的创业能力的不同方面。

一、开拓创新能力

创新,简而言之,就是一种不断破坏旧的、创造新的过程;详言之,是指基于一种新的思想和方法对原有事物进行改造或在这种思想方法指导下进行的创造性活动。创业本身所具有的开创性特征使创新能力成为创业者立业的基础。开拓创新能力亦成为成功创业者最重要的能力之一。由于客观世界是不断发展变化的,事物发展的规律就是新事物不断取代旧事物。随着社会政治、经济、文化等环境因素的变化,原来的基业就会逐渐成为落后于时代的旧事物。大学生创业者要使自己的事业不断发展,就要不断推陈出新。他们必须善于捕捉并发现创业机会、把握原有事物的缺陷、捕捉新事物的萌芽,提出新的切实可行的解决问题的措施和方案。而创业者只有具备开拓创新能力,才能将自己所从事的事业不断更新,使之符合时代的精神,符合事物发展的客观规律。纵观历史上一直延续的老基业,时至今日仍旧生机盎然,其中最主要的原因就在于企业经营者能够随着时代的发展,不断开拓创新,使其事业持续增加新的生命力。海尔集团总裁张瑞敏认为,海尔快速发展的最大诀窍就是不断地开拓创新、不断地进入新领域。

开拓创新是创业的灵魂和赢得竞争优势的关键。一个优秀的创业者必须勇于开拓、敢于创新。

二、组织管理能力

在市场经济条件下,市场充满了竞争和风险,创业者要使自己的创业实践活动获得成功,就必须重视经营管理。无论从事哪一行业,都有一个资源的分配和利用问题,要使资源发挥最大效用,就必须掌握管理知识,懂得经济核算,提高经济效益,才能在激烈的竞争中获胜。

(一)组织能力

组织能力是一个创业者应具备的指挥协调能力。其基本含义包括两个方面:一是指组织者对组织成员的指挥、调动、协调及对非人力资源的集中分配、调度等能力,能否高效、迅捷地指挥调动人力、物力、财力,是一个组织者组织能力的集中反映。二是指组织者对组织结构的设计与再设计工作,表现为对组织机构的设计、人员的配置,如对组织成员职位的任命安排、明确其职责范围等。组织的实质在于把处于分散状态的各种资源进行有效地集中和分配,使各种资源整体发挥各自的作用,以求得资源的最佳利用效果。为实现企业的既定目标,创业者要把企业各种经营要素进行合理配置和组合,对企业内部各环节和部门之间的关系进行有效地调配,调动各方面的积极因素,进行效率化的分工与协作,使组织成为高效率的运转机体。

(二)管理能力

管理能力是创业者能力在管理上的体现。管理活动贯穿于组织运行过程的每一个环节,不仅是组织正常运行的前提,也是组织生存与发展的基本条件。因此,创业者一定要充分认识到管理的重要性。要学习管理知识、改进管理方法、丰富管理经验,不断开发新的管理资源,努力提高自身的管理能力与水平。管理能力包括多方面的内容,我们认为最主要的表现为以下三个方面。

▶▶ 1.分析判断能力

创业者是否具有分析判断能力,是创业者能否在创业过程中做出正确决策的前提条件。创业过程中不仅要接触经济服务和现象,而且要接触政治、社会和文化事务及现象,而各种事物及现象之间在一定程度上总有这样那样的联系,会对创业者的创业目标产生不同程度的影响,当这些影响力不明朗时,就需创业者通过分析找出这些影响力中有直接影响关系的事物或现象,进而采取措施加以排除,使创业目标尽可能不受其他因素的干扰而健康发展。所以,分析判断能力是创业者应具备的重要管理能力之一,它能帮助创业者找出创业的问题所在及产生原因,并加以正确分析处理。

❯❯ 2.经营决策能力

经营决策能力是管理者综合能力的表现。决策的实质是选择,即在可供选取的方案中选择出一个最满意的方案,因而要求管理者具有果断的品质。从创业的角度来看,创业决策是指创业者对未来创业实践的方向、目标、原则和方法所做出的慎重选择和决定。创业决策的正确与否及正确程度直接影响决策目标的质量,即影响创业成果的取得。因此,决策前首先要拟订好决策目标,然后视创业条件的具体情况选择和确定决策时机,若条件不成熟就匆忙决定显然是冒险行为,条件成熟却拖延不决又会造成优势消失,因此恰当地做出决策是创业成功之本。

❯❯ 3.抵御风险能力

由于任何创业者做出决策时总是基于当前的基本情况和形式,而所决策的目标又总是在未来或短或长的一段时期内才能实现的。在这一过程中,难以预见的种种因素会对决策目标造成一定的影响或威胁,这就是风险。创业者要能及时果断采取措施,消除这些潜在的或现实的威胁,从而使决策目标达到预期结果。因此,抵御风险的能力,是对创业者管理能力的一种检验。作为一名创业管理人,其负责的是新创立的公司,新型公司要面对风险,必然要求创业者敢于承担风险,具有一定的抵御和化解风险的能力。其中,最大的风险是花费了时间和资金却不能有盈利地售出。发展必然伴随着风险,一般说来,小企业发展越迅速,风险越大。小公司在发展壮大中的风险主要是投资和财产风险。企业投资、新建、扩建项目是否得当,事关小公司成败;财产风险主要是由于社会经济技术的进步造成企业的财产损失。现实中,我们常常看到随着国家宏观政策变化和税制改变等形式发生变化时,很多小公司愁眉不展,关键原因就在于其风险管理机制不健全。因此,小公司在发展壮大中要正确对待风险,既不害怕风险又不盲目冒险,要在风险分析和正确决策的基础上,在公司内部形成协调配合使用风险预防和管理的对策机制,不断提高抵御风险的能力,从而于冒险中避免风险,在任何环境和条件下,做到趋利避害,游刃有余。需要特别指出的是,现代企业面临着日益复杂的国内和国际环境,而环境愈复杂风险就愈大,进而发生危机的可能性也就愈大。因此,为了防止危机在企业发生,创业者必须注重培养自身的危机管理能力,即对可能发生或已经发生的危机事件进行预测、监督、控制、协调和处理的能力,以预防为主,防患于未然,强化危机意识,了解企业实施危机管理的重要意义及应付危机的具体步骤、应遵循的原则,并制定出完备细致的危机管理计划等均是十分必要的。创业者对危机的应对与处理能力也是其抵御风险能力的具体表现和重要组成部分。

此外,管理能力的内容及表现还有具体的分类,如财务管理、营销管理等许多内容,创业者可根据需要,具体参阅有关书籍。

管理的实质即在于通过人、财、物等各种资源要素在经营过程中的有机结合,实现管理的最终目标——以最小的投入,产出最大的效益。其中对人力资源的管理和使用应始终成为管理的核心问题。因为在生产力诸要素中,人是最重要、最根本的决定性因素。为此,创业者在管理和使用人员时,应力求做到"人尽其才,各尽所能"。用人之道,不能要求被用人十全十美,而是要用其所长。历史上,楚汉相争中完全处于劣势的刘邦之所以能打败强大的项羽,一个很重要的原因就在于用人。项羽本人虽然骁勇异常,然而对其属下的头号谋士范增尚且不能从善如流,更不用说重用无名之辈的奇才韩信了。与之相反,刘邦则善于用人:萧何坚强稳重、勤于实干,并善于营运,所以由他来做控制协调、运输粮草的工作;韩信长于预测决断,文武兼备,所以让他攻城略地;张良不仅足智多谋,而且擅长表达沟通,所以由他负责内外的交流联络工作;刘邦本人虽不具专长,却有非凡的战略眼光和组织才能,所以居于帅位,统帅全局。正因为如此,才使刘邦在战争中立于不败之地,创业的经营活动亦如此:一个组织是由各个不同岗位组成的,合理分工就在于择人任乎,量才使用,让各个成员的才智和兴趣尽可能同所从事的岗位相适应,这样才能提高劳动生产率。此外,搞好资金与物资的管理与使用同样重要。

通常,创业初期,由于公司规模较小,管理上的障碍不大。随着公司的不断发展,管理问题往往成为抑制公司发展的瓶颈。许多创业者在管理企业一段时间后,也认识到这个问题,开始到高校"回炉",攻读 MBA 等,以提升自己的管理能力。据调查,新创企业中约一半以上在创业的两年内即倒闭,只有1/3能够存活5年,而导致这些创业失败的一个最主要原因就是创业的组织管理问题。因此,组织管理能力应成为大学生创业能力的重要培养和锻炼目标。为了提高管理效率、使管理工作富有成效,大学生要逐步培养自己运用系统化的科学管理知识,对管理上存在的问题设想出正确可行的解决办法,并努力从管理的理论原则和基本方法出发,结合实际,具体情况具体分析,以求得问题的妥善解决。

三、人际协调能力

要想创业成功,大学生还需要培养自己的人际协调能力。因为人的问题始终是管理的最核心和最本质问题。人是构成社会的基本单位,社会中的一切活动都是以人为主体进行的。因此,任何活动都离不开人与人之间的交往。创业活动也不例外。企业本身就是要依靠人才能运作起来,单凭创业者一个人是难以成功的。要运作好企业不仅需要协调好企业内部成员的关系,也需要协调好企业与顾客、社区、政府、社会的外部关系。为此,有意识地培养与他人的协作能力是创业者获得他人和社会支持的重要前提条件,对创业者事业成功具有重要的积极作用。我们所从事的创业活动离不开社会,我们每个社会成员都与其他成员有着千丝万缕的联系。因此,创业活动虽然是个体的实践活动,但更是社会性的活动,这种活动是在人与人之间交往、配合和协调中发生发展并取得成功的。所以成功的创业者大都是出色的社会活动家,他们善于与各种人打交道,积极主动地与人交往、交流、合作、互助,并在此过程中取人之长、补己之短,获取各方面信息。大学生在创业中必须摒弃狭隘自私的观念,学会与他人合作,这是一种能设身处地为他人着想、善于理解他人的心理品质,是创业者事业成功的重要支持力量。我们特别强调创业者的人际协调能力与社会交往能力,其潜质就在于培养个体的合作性。这与创业者自身不依附于他人、独立思考、自主行动的独立性心理品质并不矛盾,二者相辅相成、交互作用,在创业实践活动中发挥着重要的调节作用。

在创业活动中,我们必然要与各种各样的人打交道。不仅在公务交涉、业务往来中要与人打交道,而且在各种各样的场合中都会与各种人交往和接触。刚刚走向社会创业的大学生,缺乏社会生活阅历,面对日益激烈的竞争和挑战,更需要获得诸多信息、知识和技巧,也需要更为广泛的人际交往。要想实现自己的创业目标、使创业活动正常进行,就一定要学习人际交往的技巧与知识,提高人际协调能力,这不仅是适应社会生活的需要,也是创业活动中必不可少的基本功,更是创业活动正常进行的必要条件。特别是在现代企业管理中,越来越强调组织内外的人际协作和团队精神的培养和铸造,强调组织与公众、社会之间的双向平衡,因而对创业者的人际协调能力提出了更高更迫切的要求。

为此,创业者要在具体的创业实践中有意识地培养自己的人际交往与沟通能力,学会人际交流和沟通的技巧和艺术,在积极的人际交往中争取他人的合作与支持,获得理想的人际关系效果。此外,创业的过程必定是与社会不断协调的过程,公共关系作为一种客观存在的社会关系必然与政治、经济、文化、法律关系等一起与企业的生存和发展相伴始终。在众多的社会关系中,公共关系因其以信息传播为特征从而具有强烈的渗透性,即在所有的社会关系中都会有所体现,所以,创业过程中处理企业所处的各种复杂的社会关系的过程也是人际协调能力充分展现的过程和公共关系发挥作用的过程。这就要求创业者在提高人际协调和社会交往能力的同时,还要注意不断提升自身的公关能力,增强公关意识相公关素质,作为中国当代企业家,必须要善于同各种各样的人打交道,学会处理企业内部和外部的各种关系,在千丝万缕的关系网中寻求企业生存发展的途径,这也是文化背景对中国企业家的具体影响和要求。只有这样,才能赢得"天时地利人和"的创业环境。另外,在现代经济生活中,谈判是无处不在、无时不有的,每一项需要的满足,都可能诱发谈判。而创业过程中的各种问题更离不开谈判。如果创业者谈判无术,往往会使自己的事业经营处于劣势地位,发展受到限制。因此,大学生创业者在提高自身的人际协调能力时,特别要注意锻炼与培养自己的谈判策略和语言技巧,以便更好地争取切身利益,达到创业目的。

总之,大学生创业能力是一种多方面的综合能力,除以上三方面能力之外,还包括其他许多方面的能力,这些能力共同构成了创业成功的充分条件。例如,学习能力,是人们获取知识的能力,学习也是我们获取知识的主要途径。可以说,当今的经济活动无一不与知识的获取与运用有关。这就要求人们不断地学习和掌握人类最先进的知识和技能,才能有效地从事务类经济活动。而对于创业者而言,这一点显得更为重要。对于创业的大学生们来说,学习能力的培养更应强调将所获取的知识转化于实践应用方面。强调理论联系实际、学以致用。只有把所学知识不断地转化应用于实践,并在实践中去扩展,才是提高学习能力的重要方法,也才能从根本上提高大学生的创业能力。

第四节　大学生创业心理素质

素质是个人身心条件的综合表现,是个人生理、心理结构及其机能特点的总和,良好的创业心理素质是创业成功的必备条件。所谓心理素质是指人们在心理活动方面的能力,即应付、承受及调节各种心理压力的能力,并主要表现在人们的情绪及其行为的稳定性方面。从某种程度上看,心理素质与人的性格、气质之间是一种相互作用的关系,它是个性心理特征在个体应付外界压力时的具体表现,如紧张、痛苦、胆怯、自卑、害羞、难堪、愤怒、嫉妒、失意、抑郁、孤独、恐怖、误解、渴望等,都会成为人们可能承受的心理压力、而对于这些压力人们所进行的心理活动,即对于压力的认识,由此认识所产生的情绪及经过调节或控制最终付诸行动的表现,恰恰反映着人们的心理素质特点。也正是由于这种心理活动水平的不同,才使得人们在心理素质上有所差异。创业是艰苦的,不仅会遇到各种各样的困难,而且还有失败的可能,所以在创业过程中拥有良好的创业心理素质是必需的。创业者应该能够正确地了解自己,正确地认识社会,认识到创业的艰难,形成谦虚、豁达、坚韧不拔的创业心理素质。

从某种角度上看,影响一个人能否成功的重要因素不仅在于他的学识及能力,也决定于他的心理素质水平。超脱、乐观、开朗、镇定自若,慌乱、束手无策、缩手缩脚等,都从不同方面反映了人们心理素质的状况。从中不难发现,心理素质对人的影响。一些美国心理学家的追踪研究表明:成就最大与最小者之间的差异不在于他们的智力水平,而在其心理素质方面的某些特点,如是否有自信心、坚持性、不屈不挠、不自卑等良好的意志、性格品质。确实,心理素质不仅决定着一个人在个性、气质等方面的特点,还将对人在处理各种问题,应变各种事件,以至于事业上的发展,产生重要影响。

大学生创业者创业心理素质的培养与塑造应注重以下几个方面。

一、创业成就动机

动机是激发和维持个体进行活动,并导致该活动朝向某一目标的心理倾向或动力。动机与需要是紧密相连的。需要在主观上常以意向和愿望被体验着,模糊意识到的、未分化的需要称为意向,明确意识到并想实现的需要叫愿望。如果愿望仅停留在头脑里,不把它付诸实际行动,那么这种需要还不能成为活动的动机。只有当愿望或需要激起人进行活动并维持这种活动时,需要才成为活动的动机。成就动机是一个人追求成就的内在动力,是指人们在完成任务的过程中力求获得成功的内在动因,亦即一个人对自己认为重要的、有价值的事情乐意去做并努力达到完善地步的一种内部推动力量。成就动机对个人发展和社会进步都具有重要作用。创业成就动机就是指个体在完成创业任务时力图取得成功的动机。

心理学家麦克莱兰等人对成就动机进行了系统的实验研究,并提出了相应的成就动机理论。他指出,成就动机强的人对学习和工作都非常积极,能够控制自己不受环境影响,并且能善于利用时间。成就动机得分高的人比得分低的人更会取得优良的成绩。麦克莱兰把成就动机看作决定个体行为的根本原因,并且将一个民族的成就动机看作社会经济的决定力量。他的一项研究证实了成就动机高的人比成就动机低的人更有可能成为企业家。研究中他评估了一组成就需求高低不同的人,然后再追踪调查,结果发现:处在企业家职位上的人,83％在成就需求成绩上得高分;相反,在不是企业家的人群中,只有 23％ 的人有高成就需求。心理学研究发现,个体的成就动机中含有两种成分:追求成功的倾向和回避失败的倾向。一般认为,成就动机较高的人喜欢选择富于挑战性的任务,其追求成功的倾向大于回避失败的倾向;成就动机水平较低的人则回避困难任务,表现出更关心回避失败的特点。个体对成果的归因,对自我的认知评价及目标定向都与其成就动机水平有密不可分的关系。成就归因方面,高成就的人常把以往的成功归因于能力与努力,而把失败归因于缺乏努力;低成就的人则会把以往的失败归因于缺乏能力,而把成功归因于外在原因,如运气;个体对自我的认知评价,主要集中在自身能力的评价上。凡是对自身能力水平评价较高的人,一般也会具有较高的成就动机。个体对目标的定向有两种方式:一种定向以提高自身能力为目的,多选择富于挑战性的任务来做;另一种则以证明自身能力为目的,这种定向会使个体回避挑战性的任务。在成就动机水平上,前者的水平更高一些,具有更多的追求成功的倾向,后者则多为回避失败。

一般来说,成就动机水平较高者都具有以下特征:喜欢中等程度、富于挑战性的任务,并且会全力以赴地获取成功;目标明确,并对之抱有成功的期望;精力充沛,探新求异,富有开拓精神和创新性,他们总是力图将每件事做得尽可能好;选择工作伙伴以高能力为条件,而不是以交往的亲疏关系为前提;有责任心,他们喜欢对自己的行为负责;反馈对高成就动机的人十分重要,因为他们总想知道自己做的结果如何。

成就动机作为一种获得成就的驱动力量,对个人的发展无疑具有积极的推动作用。早期的研究发现,高成就动机的个体在现实生活中多能获得成功,其中表现最为突出的是事业与职业上的成功。因此,创业成就动机应成为大学生创业素质的一个重要方面,提高大学生的创业素质,必须首先增强和培养大学生的创业成就动机。心理学研究表明,成就动机是一种社会性动机,大学生的成就动机差异既不是先天遗传，也不是生理需要，而是在后天教育的影响下，在与他人交往的社会活动过程中逐步形成的，这就为教育培养和训练加强大学生的创业成就动机提供了可能与保证。大学生作为高级人才的后备力量，其创业成就动机的高低直接制约和影响着他们的成功与成才，我们应大力加强后天的培养和教育，充分激发大学生的创业成就动机，使他们以成功创业为目标，在面向现代化、面向世界、面向未来中努力做出更大的成就。

为此，应教育大学生以学业进步、创业成才为奋斗目标，而不应以考试过关为学习目的，以提高和增强其创业成就动机。学校加强大学生成就动机的教育与训练可采取以下两种方法：一是引导个体在预先设定的领域中获得高成就。引导过程中，主要培养个体的特定技能与能力；二是帮助个体形成追求成就的倾向与态度，具体行为目标由个体自己确定。此外，创业者只有对所从事的创业活动产生浓厚的兴趣，才会激发创业的情绪情感，产生创业的需要，从而转变为创业的自觉行动。日本一位著名经济学家对 80 多位企业家进行调查，结果发现，他们所有人都表现出很高的创业动机和强烈的自我实现欲望。无数创业成功者的实践表明，创业者的创业兴趣不仅能转化为创业动机，而且也能促进创业智能的发展，达到提高创业成效的目的；反之，若创业者对创业没有兴趣，创业对他而言不是一种快乐的事，而是一个沉重的包袱，那他从思想上就会对创业活动产生厌倦感，失去创业的信心与决心，从而放弃对创业成功的执着追求。因此，培养大学生创业者超常的创业欲望与兴趣，也是加强创业成就动机教育的有效途径，应注意形成家庭、学校与社会等环境因素的合力，这一点是至关重要的。

二、创业思维

创业从某种意义上说就是创造财富（物质财富与精神财富），只有适应社会的发展和时代的要求，为社会、为他人创造出更多的财富，满足社会和人们的需要，才能把自己的人生价值转化为财富，才能在这种创造财富的过程中找寻到满足感，达到自我实现。而人类创造的一切物质财富和精神财富，都是人们在长期实践活动中通过思维活动，特别是创造性思维活动形成和积累起来的。不论从事何种职业，不管是否情愿，当今的时代都对各行各业的人们提出了善于思维的要求，只有做到勤奋加思考，使自己成为一个具有创造性思维能力的人，才能使自己在事业上有所成就。对处于时代浪尖的大学生创业者而言，更要注重加强自己的创业思维训练与培养，不断为创业成功注入新的活力。

(一)思维

思维是一种高级的认识活动,是人脑对客观现实的概括的、间接的反映。人的思维是以感觉和知觉为基础的一种更复杂、更高级的认识过程,它所反映的是客观事物的共同的本质特征和内在联系。借助于思维,人的认识能够从个别中看到一般,从现象中透视本质,从偶然中洞察必然,从现存的事物中推测过去,预见将来。

▶▶ 1.思维的分类

思维可以从不同角度进行分类。

根据思维探索答案的方向,可把思维区分为聚合式思维(convergent thinking)和发散式思维(divergent thinking)。聚合式思维是把问题所提供的各种信息聚合起来得出一个正确的答案(或一个最好的解决方案),其主要特点是求同。发散式思维是指从一个目标出发,沿着各种不同途径去思考,探求多种答案的思维。其主要特点是求异。这种思维是无一定方向和范围,不墨守成规,不囿于传统方法,由已知探索未知的思维。流畅性(fluency)(思维敏捷、反应迅速而众多)、变通性(flexibility)(思维灵活、能随机应变,举一反三、触类旁通)、独创性(originality)(对问题能提出超乎寻常的独特见解)是发散式思维的三个主要特征。

根据思维的创新程度,可分为常规性思维和创造性思维常规性思维是指人们运用已获得的知识经验,按现成的方案和程序,用惯常的方法,固定的模式来解决问题的思维方式。

创造性思维是指以新颖,独创的方式来解决问题的思维,是人类思维的高级过程。许多心理学家认为,创造性思维是多种思维的综合表现。

我们认为,创造性思维是构成创业思维的重要成分,创业作为一种创造活动,是发散式思维和聚合式思维统一的结果。在创业思维活动的过程中,发散式思维与聚合式思维二者相辅相成,是互为前提、互相促进、辩证统一的两个方面。

此外,还可根据其他标准对思维进行分类,此处不再详述。

▶▶ 2.思维过程的特点

思维过程的特点表现在以下几个方面。

(1)思维的深刻性

这是指考虑问题时,善于把握事物的本质。有的人善于提出问题,善于通过现象揭露事物的本质,善于从个别中看到一般,从偶然中洞察必然,考虑问题深刻;有的人不善于区分主要的东西和次要的东西,不善于区分现象和本质,即不善于提出问题,也不善于思考问题。

(2)思维的灵活性

这是指善于在各种情况下具体地解决各种具体的问题。有的人善于根据具体情况灵活而迅速地解决问题,有的人拘泥于一种解决方案。

(3)思维的逻辑性

这是指思维过程进行的性质是否符合客观事态的逻辑顺序。有的人思维具有严密的逻辑性,有的人解决问题缺乏逻辑性。

(4)思维的独立性

这是指考虑问题时是否有自己的独立见解。有的人不迷信权威,不易受暗示,能严肃地对待各种意见;有的人易受暗示,人云亦云,无独立的见解。

(二)创造性思维

创造性思维伴随所有创造活动过程的始终,创业活动尤其离不开创业者的创造性思维。对于创造性思维过程的分析,最有影响的理论是沃拉斯提出的四阶段理论。他认为与创造活动相联系的创造性思维过程可分为准备期、酝酿期、豁朗期和验证期等四个阶段。与平常人相比较,富有创造力的人的思维具有高度的流畅性、变通性、独特性与敏感性等特征。

创造性思维是在一般思维的基础上发展起来的,它是后天培养与训练的结果。培养大学生的创造性思维应注意改变传统的评定学习成绩的观念,鼓励其创造性行为。要培养大学生的发散思维能力,可从培养其思维的独创性、流畅性和灵活性入手,着重启发学生从不同方面对同一问题进行思考;引导学生参加创造性活动,如组织学生参加创业计划大赛、科技小组、兴趣小组、文艺小组等,均是启发大学生创造性思维、培养其创造力的重要途径。作为创业者,大学生应在实践中有意识地培养和提高自己的思维品质,克服从众心理、突破思维定式,摆脱习惯性思维、权威思维、书本思维及其他种种思维障碍的束缚,开展有目的、有重点的思维培养和训练,特别是要着力加强创造性思维的训练与培养,在日常生活和教学实践中,注意在发展聚合式思维的同时,加强发散式思维的培养。要善于不断学习、积累和运用知识经验,并熟练掌握逻辑思维和创造性思维方法,注意与他人交换意见,参加集体讨论,以激发和培养自己的创业思维与灵感。

三、创业意志

创业者需要具备并保持旺盛的斗志和充沛的精力与动力,以克服自身的惰性,管理新创企业并推动其成长。因此,是否能够保持旺盛的斗志和充沛的精力,是准备创立企业的人们所必须考虑的问题。这种旺盛的斗志体现了创业者顽强的意志品质和强大的自我控制力。在创业过程中,困难、挫折甚至失败是在所难免的。能否战胜挫折和困难,是创业者能否取得事业成功的一个重要因素。意志是人们一切行动不可缺少的推动力量,也是人不可或缺的心理素质之一。一个人具有坚强的意志,就能调节自己的行动和精神状态,克服困难、战胜挫折,取得事业的成功;反之,则会一事无成。人们所从事的各种社会实践活动都需要一定的意志努力,越是困难的任务就越需要更多的意志努力。在实践活动中,坚强的意志既有力地推动着人们去组织和控制自己的行动,使人们按照客观需要和事物的规律从事各种活动,又会及时制止那些不符合实际要求的行动,通过克服各种困难和挫折,成功地完成所担负的任务。因此,意志在人的成才、成事中具有极为重要的作用。无论从事什么活动,没有良好的意志品质,都难以获得成功。对于富有挑战性的创业活动而言,更是如此。

(一)意志与意志行动

意志是指一个人自觉地确定目的,并根据目的来支配、调节自己的行动,克服各种困难,从而实现目的的心理过程。人对客观世界的反映并非是消极被动的,而是积极主动的。我们根据对客观事物的认识,先在头脑中确定行动的目的,然后根据这个目的来支配自己的行动,并力求实现此目的,这种心理活动就是意志。由意志支配的行动称为意志行动。意志行动是有目的的行动,是人类所特有的。

▶▶ 1.意志行动的特征

人的行为受到意志的支配,但不是人的一切行动都是意志行动。意志行动具有以下基本特征。

(1)意志行动是有目的的行动

意志行动的目的性特征是人和动物的本质区别。人在活动之前,活动的结果已经作为行动的目的存在于人脑之中了。在活动中,方法的选择、步骤的安排等始终从属于目的,并以预先所确定的目的坐标尺来评价自己活动的结果。因此没有目的就不会有意志行动。人的意志活动和行为始终是在有自觉目的的意志过程支配和调节下进行的,所确定的目的水平高低也与意志行动效应的大小直接有关。

（2）以随意运动为基础

人的各种运动分为随意运动和不随意运动。前者是指受到意识调节和支配的,具有一定目的方向性的或习惯性的运动,例如写字、操作电脑等。后者是指一般不受意识支配的运动,例如心脏跳动、瞳孔反射运动等。意志行动是以随意运动为基础的,否则任何目的都不可能在行动中实现。

（3）与克服困难相联系

在人的活动中只有那些与克服困难相联系而产生的意志行动才是意志行动的重要特征。例如,身体欠佳时仍坚持工作,就是一种意志行动,而饭后散步、闲时聊天等没有明显困难而言,则一般不认为是意志行动,意志行动中遇到的困难通常有两种:内部困难和外部困难。前者是指内存于人脑中的某些不利因素,如消极的情绪、信心不足等。后者是指由客观条件造成的某些不利因素,如环境恶劣、缺乏资金及必要的工作条件、他人的冷嘲热讽等。一个人在实现自觉确立的目的过程中,都有可能遇到内部困难和外部困难,正是在克服各种困难的过程中才能表现出一个人意志力量的强弱。

》 2. 意志行动的过程

此外,意志行动有其发生、发展和完成的过程。这一过程大致可分为两个阶段:采取决定阶段和执行决定阶段。前者是意志行动的开始阶段,它决定意志行动的方向,是意志行动的动因;后者是意志行动的完成阶段,它使内心世界的期望、计划付诸实施,以达到某种目的。

（1）采取决定阶段

一般包含确定目的或目标、制订计划、心理冲突、做出决策等许多环节。目的是人的行动所期望的结果。在行动中,人期望要得到的结果,有时是很明确的,有时则不一定是明确的。有时行动想要达到的结果只有一个,无选择之余地,这时确定目的不会产生内心冲突;有时则有好几个可供选择的目的,确定目的会产生心理冲突,需要做出意志努力,目的确定之后,进一步就要选择达到目的的行动方式和方法,拟订出行动计划。对于行动的方式、方法的选择,也有各种不同情况。

有时只要一提出目的、行动的方式、方法便可确定,这无须意志努力。在通常情况下,达到目的的方式、方法也要进行选择,比较各种方式、方法的优缺点及可能导致的结果。这时也可能产生内心犹豫不决,难以下决心拟订出行动计划,因而在确定行动计划做出决策时也会产生心理冲突,也需做出意志努力。

(2)执行决定阶段

执行决定是意志行动的最重要环节。从做出决定到执行决定,在实践上往往因具体情况的不同而有所不同。有时在做出决定之后就立即过渡到执行决定阶段,有时决定是比较长期的任务或是未来行动的纲领。这样的决定并不立即付诸行动,而只是将来行动的企图。在执行决定的过程中,已确立起来的决心和信心也可能会发生动摇。如在执行决定时遇到困难,要付出大的努力,与个体已形成的消极个性品质或兴趣爱好发生矛盾,或在执行决定的过程中可能产生的新期望、新意图和方法与预定目的的矛盾,或在执行决定时遇到新情况、出现新问题而人又缺乏应付和解决的技能和知识等矛盾,都会妨碍意志行动贯彻到底,只有解决了这些矛盾才能达到预定目的。优良的意志品质,正是在克服困难的实际斗争中锻炼和培养起来的。

(二)意志的作用

意志对人行为的调节作用保证行为目的的方向性,调节的最终结果表现为预定目的的实现。意志对行动的调节作用具体表现为对人的行为的发动和抑制两个方面。发动表现为推动人去从事为达到预定目的的行动。如,为了完成某项工作任务+意志推动人去寻找设备、查阅资料等。意志还表现为制止与预定目的相矛盾的愿望和行动。例如,约束自己以战胜外界的诱惑相干扰,不做与目的相违背的事情。意志对行动的发动和抑制作用,在人的实践活动中是互相联系和相互统一的。为了达到预定目的,意志通过发动和抑制这两个方面,克制与预定目的相矛盾的行动,发动与预定目的的实现有关的行动,从而实现着对行动的调节与支配。意志对活动的支配调节作用,不仅限于调节人的外部动作,还可以调节心理状态,包括人的认识活动和情绪状态。例如,当学生专心致志地听课时,就存在着排除干扰的意志对注意、记忆和思维等认识活动的调节;而当运动员在比赛中向自己提出"不要慌、稳定发挥"的要求时,实际上是意志促使其镇定,表现了意志对情绪状态的调节。近年来的医学实践和生理学研究证明,经过生物反馈的训练,可以随意调节那些由自主神经支配的内脏器官的机能;如可在一定程度上调节人的心律、血压、肠胃蠕动,甚至脑电活动的节律等。这说明意志对植物性神经所支配的内脏活动也有着一定的调节作用。

(三)意志品质及其培养

➤➤ 1.意志品质

俗话说:"人生逆境十有八九。"人在意志行动中,执行已经做出的决定,实现既定的目标,并不是一帆风顺的。因为在实际执行决定过程中常常会遇到这样那样的困难和挫折。此时,人常常会表现出紧张、彷徨、不安和焦虑等心理状态。而一个人的崇高理想、坚定信念和坚定不移的意志努力是有效克服各种困难的重要心理因素。一个人只有当彻底战胜各种内外困难和挫折,有效地改变主观或客观的现实,最后实现预定的目的时其意志行动才能胜利完成。意志行动在不同人的身上表现各有不同。有的人能独立地采取决定,而有的人则易受暗示;有的人处事果断,有的人则优柔寡断等。构成一个人行为特点的稳定因素的总和就是意志品质。人们的意志品质存在着巨大的个别差异。主要的意志品质有独立性、果断性、坚韧性和自制力。

(1)独立性

独立性表现为一个人自己有能力做出重要的决定并执行这些决定,有责任并愿意对自己的行为所产生的结果负责,深信这样的行为是切实可行的。它与理智地分析和吸取他人的合理意见是相联系的。具有独立性的人对于自己的决定和执行这些决定是经过理智思考的。

与独立性相反的意志品质是受暗示性,具体表现为盲从、没有主见,很容易受他人的影响。易受暗示性的人的行为动机不是从自己已形成的观点和信念产生的,而是受他人影响的结果。

(2)果断性

果断性表现为善于迅速地辨明是非,能及时地坚决地采取决定和执行决定。果断不同于轻率,它是以充分的根据、经过周密思考为前提的。果断的人对自己的行为目的、方法及可能的后果,都有深刻的认识和清醒的估计,所以当事态发展到最紧急的关头,能当机立断及时行动,毫不动摇,毫不退缩。

与果断性相反的意志品质是优柔寡断。优柔寡断者的显著特点是无休止的动机冲突。在采取决定时,迟疑不决,三心二意,到了紧急关头只好不假思索,仓促决定,做出决定后又反悔,甚至开始行动之后还怀疑自己决定的正确性。优柔寡断是缺乏勇气、缺乏主见、意志薄弱的表现。

(3)坚韧性

坚韧性表现为对行动目的的坚持性,并能在行动中保持充沛的精力与毅力。具有坚韧性意志品质的人,不仅善于克服和抵制不符合行动目的的主客观因素的干扰,做到目标专一,始终不渝,直到实现目的;而且能在行动中做到锲而不舍,百折不挠,勇于克服各种困难和挫折。坚韧性是人的重要意志品质,一切有成就的人都具有不屈不挠地向既定目标前进的坚韧意志品质。

与坚韧性相反的意志品质是动摇性和顽固性。动摇性是遇到困难便怀疑预定的目的,不加分析便放弃对预定目的的追求。这种人不善于迫使自己去达到预定的目的,偶遇挫折便望而却步,做事见异思迁,虎头蛇尾。顽固性是指只承认自己的意见或论据,当实践证明其行动是错误时仍固执己见、自以为是、一意孤行,因而往往受到客观规律的惩罚。动摇性和顽固性虽然表现形式不同,其实质都是不能正确对待行动中的困难,都属于消极的意志品质。

(4)自制力

自制力是指在意志行动中能够自觉、灵活地控制自己的情绪,约束自己的动作和言语、思想和行动等方面的品质。它反映着意志的抑制功能。在意志行动中,与目标不相一致的欲望的诱惑、消极的情绪(如厌倦、懒惰、恐惧)等都会干扰人做出决定和执行决定。易冲动、意气用事、不能律己、知过不改等,都是缺乏自制力、意志薄弱的表现。

应该注意的是,意志品质都有其自身的具体内容而不应抽象看待。对于意志品质的评价,应从社会和道德角度与意志品质的具体内容相联系进行。由于上述意志品质之间是相互联系的,因此缺少其中任何一种品质,都会在人的性格上带来某种缺憾。

▶▶ 2.意志品质的培养

优良的意志品质不是先天具有的,而是后天学习、实践、培养和锻炼的结果。我们建议大学生可从以下几方面进行。

(1)树立远大的理想和志向,保持正确的行动目标

人的意志行动是为了实现预定的目的,培养一个人的优良的意志品质,首先就是要树立正确的行动目的。只有高尚的目的、远大的理想和志向,才会使人在

行动中克服各种困难险阻。理想和志向是一种巨大的推动力量：要把远近目的有机地结合起来，既要看到近期目的是为了实现远大目标的一个具体步骤，也要看到具体行动的深远社会意义。由于行动自觉性的提高，就会在远大理想的指引下胜不骄、败不馁，再接再厉，以达到最后的目的。大学生创业，必须要有明确的行动目标和投身创业的远大理想和抱负，否则很容易被创业中的困难、挫折压倒。

（2）积极参加实践活动，在具体工作中实际锻炼

一个人的意志力是在克服困难中表现的，也是在克服困难的过程中不断提高其水平的。在实现所做决定的过程中，总会遇到各种各样的困难，这是对意志品质的实际考验。因此，为了培养一个人优良的意志品质，就要组织好各项实践活动，使其能够在活动中实现意志行动，在具体工作和实际活动中克服困难，并在此过程中取得直接的经验，出色地完成任务。人们在实践活动和具体工作中，从确立目的、制订计划、选择方法，到执行决定、付诸行动，整个过程都有意志的参与。从某种意义上说，人们是在实践活动中实现着意志目的，又在实践活动中锻炼着意志品质。因此，实践活动是意志产生和发展的源泉，对意志品质的提高起着至关重要的作用。

（3）注意加强意志的自我锻炼与培养

归根结底，外因只有通过内因才能起作用。尽管社会环境、教育条件、人际关系、交往活动等对意志的培养都有重要影响，但他们都必须通过自我修养和自我锻炼才能真正起作用。因此，培养优良的意志品质，要特别注意加强意志的自我修养与锻炼。为此，要不断提高自我认识，加强自我监督和自我控制，善于自我激励，通过持续的努力和培养逐步形成自己优良的意志品质。

四、创业个性特征

（一）个性的概念和基本特征

个性是指一个人整个心理面貌和心理方面的特质，是具有一定倾向性的各种心理特征的总和。它是多侧面、多层次、复杂的统一体。个性的心理结构包括个性倾向性和个性心理特征两大部分。前者是人进行活动的基本动力，是个性结构中最活跃的因素。它决定着人对现实的态度，决定着人对认识活动的对象的趋向性选择，被认为是以人的需要为基础的动机系统，主要是在后天的社会化过程中

形成的。后者是指一个人身上经常地、稳定地表现出来的心理特点。它是个性结构中比较稳定的成分。在个体心理发展过程中,这些心理特征较早地形成,并不同程度地受生理因素的影响。一般认为,个性具有以下基本特征。

➤➤ 1.整体性

个性是一个统一的整体结构,是人的整个心理面貌。每个人的个性倾向性和个性特征并不是孤立的,它们相互联系、相互制约,组成一个完整的个性。

➤➤ 2.独特性

俗话说:"人心不同,各如其面。"许多心理学家也都强调了个性的独特性。因为个性是在遗传、环境、成长和学习许多因素影响下发展起来的。这些因素和因素之间的相互关系都不可能是完全相同的。

➤➤ 3.稳定性

个性是指一个人的比较稳定的心理倾向和心理特性的总和。人在行为中的偶然表现不能表征他的个性,只有在行为中比较稳定经常表现出来的心理倾向和心理特征才能表征他的个性。例如,一个处事稳重的人,偶然表现出轻率的举动,不能由此说他具有轻率的性格特征。个性具有经常性、稳定性,"江山易改,本性难移",形象地说明了个性的稳定性。

➤➤ 4.社会性与生物性

人的个性不仅受生物因素的制约,而且受社会因素的制约。在个性形成和发展过程中,既有生物因素的作用,也有社会因素的作用。不能将个性的形成和发展原因归结为一种因素,也不能将这两种因素的作用等量齐观。生物因素只给个性发展提供可能性,社会因素才使这种可能性转化为现实。如果离开人类的社会生活,人的正常心理就无法形成和发展,人在社会交往中,逐渐形成和发展自己的个性。

(二)创业个性特征

无数创业成功者的实例说明,创业不仅与创业者的知识、能力有关,而且和其个性特征息息相关。国外曾有人对著名创业家的个性进行分析,发现他们的个性特征往往与众不同。例如,他们中的多数人都表现出冒险、独断、自信、专心致志、坚韧不拔、富有怀疑和批判精神等个性特征。因此,要成为一个创业者,我们就应充分利用个性的社会性及可塑性特征,通过后天的学习、培养和锻炼,不断塑造自身勤奋、豁达、谦逊、坚毅、自立、自信、自尊、自强、富于首创精神等有助于创业成功的优良个性特征与品质。我们认为,在创业者的个性特征中,自信是影响个体创业成功与否的基本因素,也是其他个性特征形成与发展的前提和基础,更是创业者取之不尽的强大动力之源。自信心对一个人的心理素质发展起着不可估量的作用,它是对心理素质诸多方面具有决定性的因素,因此在个性特征的后天培养和训练中占有十分重要的地位,应着力加以培养和提高。

(三)自信的培养

》》 1. 使大学生形成恰当的自我认知与评价

正确认识自己、对自身做出恰当评价具体表现为个体能够全面辩证地看待自己,有正确的自我认识,既了解自身的优势与长处,又能对自己的缺憾与弱势采取理智态度,以积极方式应对现实。自信建立在充分估价自己的基础之上,认识不到自身的潜力、低估自己或过高估价自己,均不利于自信的形成与确立。合理恰当的自我认识与评价是形成自信的基础与条件。自信的人首先能够正确地认识和评价自己,熟知自身的优势与劣势,能够正视自己的缺点与不足,并提出相应的改进措施,不怨天尤人、听之任之。个体对自身的看法不但直接影响其行为,而且由于这种看法与其个性特征及心理健康等因素密切相关,因而会对其行为产生广泛的间接影响。能否正确认识自己、恰当地评价自己是个体建立自信的关键,其中的最大障碍还在个体自身。作为当代大学生,我们首先要学会全面认识自己、正确客观地评价自己,因为真正的自信是以真正的自我认识为前提的。一个人只有对自己的能力素质、价值及潜力予以充分认识和挖掘,进行正确估计与评价,才能有进一步发展的机会和可能,才能最终拥有健全的人格和健康的心理生活,最终走上成功之路。大学生是在与现实环境、与他人的相互关系中,在自身的实践活动中认识自己的。一个心理健康的大学生对自己的认识,应比较接近现实、有"自知之明",对自己的优点感到欣慰,但又不狂妄自大;对自己的弱点既不回避,也不自暴自弃,而是善于正确地"自我接纳"。客观看待自身的不足,无条件地接受自己、悦纳自己是大学生自我健康发展的必然前提。每个人都是一个独立而特殊的存在,作为有知识、有能力的大学生,更应充分发挥自身的潜能,不断增强信心,充满自信地去迎接挑战。自信心差的人,一般总是抱怨自己的愚蠢、无知与懦弱,总想着自身的缺点而对自己成功的力量和个性中好的品质视而不见。事实上每个人都有缺点和不足,也都有自己的优点与长处。为了培养自信,我们应尽力去改变自身的缺点,同时也要接受那些我们无力改变的不足之处。这是一种基本的自我接受态度,"金无足赤,人无完人",如果某些缺点是我们无力改变的,那么为什么不安然地接受呢?同时,应学会尽量欣赏自己的长处和自身的良好品质,用赞美和欣赏来增加积极的自我意识、自我接纳程度及自我价值感,这样才会保持和增强自信,助你不断走向成功。

▶▶ 2.多给予正向反馈和肯定评价

从个体心理发展阶段来看,大学生正处于迅速走向成熟而又并未完全成熟的过渡期,其心理成分充满着特殊的矛盾现象,显示出明显的积极与消极心理并存及相互制约和转化的状态。其自我意识有新的发展,对自己各方面的认识大大提高,主动性增强,从着重认识外部世界转而朝向内部认识自己。与此同时,他们的自我认知与评价又并未完全成熟,处于独立性与依赖性的矛盾之中。这就需要教师加以适时引导,特别是大学低年级学生,更需要教师及时的积极肯定与鼓励来建立和稳固其自信心。研究发现:在自我意识的发展过程中,教师(特别是学生的辅导员老师)及时正确的反馈与肯定评价对个体自信的形成具有重要作用。因此,教师应利用一切可能机会与条件,注意发现个体的长处,客观公正、及时准确地评价个体行为。教师的正向反馈与积极肯定是大学生消除自卑、确立自信、形成健全人格的关键所在。事实证明,如果教师对学生有意识地多做肯定评价与正向反馈,个体就会趋向于肯定自我,形成积极的自我概念,由于教师的信任、理解与肯定,学生也会更加悦纳自己、对自己充满自信,在困难和挫折面前认为"我能行",即使遭受失败,也能进行客观归因,而不会一味地否定自我。反之,教师的不恰当反馈与否定则很容易造成个体对自身的消极评价。因此,大学教师的评价对个体非常重要,特别是对学生起着决定性影响的教师,对个体自信的形成有着不可估量的作用。为此,教师应重视培养个体形成积极的自我认知与评价,了解自身反馈方式经过个体自我概念折射后所产生的实际作用与意义,采取助于个体健康成长、形成个体健全人格的方略,对学生多给予积极肯定的评价与正向反馈,逐步培养和建立起学生坚强、稳固的自信心。特别要加强高校辅导员与任课教师的密切配合,改变以往"各自为政"的状况,确定统一的目标,针对学生不同特点有目的地进行训练和培养,形成自信开发的"合力":因此,可以将以学习科研为主的课堂教学活动与发展爱好特长为主的课外兴趣小组等活动有机结合起来,创造更多给学生提供积极反馈与肯定评价的机会,有效加强多边协作,形成多渠道培养大学生自信的合力。

▶▶ 3.进行适度的挫折教育

大学生的心理发展正处于迅速走向成熟阶段,他们具有明确的自我观念,观察分析、解决问题的能力有了较高程度的发展;其自我评价趋于成熟,并意识到自己应该承担一定的社会义务与责任、应将所学的知识贡献给社会;于是他们便通过各种手段观察和分析自己,评价自己的才能、品格及自己在社会中的价值,将评价结果付诸行动,从而产生一种拼搏的力量,这些特点在一定程度上反映了大学生的进取心、自信心及责任感等积极的心理品质。与此同时,大学生的思维方式又往往带有片面性和盲目性。一些人自视甚高、盲目自信,自我评价与他人或社会对自己的评价反差很大,由此产生了个体我与社会我、理想我与现实我之间的矛盾,而这些矛盾一出现,他们就很容易烦恼、沮丧、抑郁,甚至形成扭曲的人格特征或人格障碍。现在的大学生多为独生子女,很少受到挫折和失败,加之考取大学所获得的人生成功,使他们相当自信。但是,这种建立在一帆风顺基础上的自信很可能导致狂妄自大、目空一切,使他们难以承受生活的打击。因此,有必要对大学生进行适度的挫折教育。对绝大多数人而言,人生之路绝不会一帆风顺,挫折和失败在所难免,甚至相比之下,逆境还可能更多一些。成功固然有助于自信的确立,但是培养学生自信的目的之一就是为了帮助他们正确地面对挫折与失败,使其在以后的工作和生活中,不致因为一次乃至数次失败而气馁。在顺境中通过体验成功而培养起来的自信,并不一定能保证其经得起人生的种种考验而成为生活的强者。对于那些只能经历成功而不能承受失败的学生来说,仅靠几次成功建立起来的自信心,难免不被以后的失败所击垮,持续顽强的自信是在挫折和失败中磨炼出来的。因而,要使大学生将来有所建树、有所成就,就不仅要让他们体验成功,更要让他们在学习生活中适度承受挫折,特别是对那些相当自信的学生进行一些挫折教育,利于他们以良好的心理素质应付各种挑战。因此,高等教育实践中要创设一定情境,让大学生体味挫折与失败,使他们在不断超越与战胜自我中建立起真正稳固的自信心。适度的挫折教育是大学生建立真正坚实稳固自信的必要条件与保证。

此外,具体的创业实践也是磨炼与提高大学生自信心的重要途径。只有通过现实情境的锻炼而形成的自信心才是真正稳固坚强的自信力。相信创业成功的体验对大学生自信心的强化和稳固作用是任何其他渠道或方式所无法比拟的。

总之,大学生的创业心理素质是可以通过后天的努力培养和提高的。特别应注意的是,社会实践和勤奋努力对创业心理素质的影响是非常积极而重要的。你不仅要意识到这一点,还必须掌握提高创业心理素质的方法,并持之以恒地进行努力,只有这样才能使你感受到心理素质所带来的积极影响:健康的情绪状态与心境、坚强的意志、和谐的生活,充满自信地把握和创造自己的前途与未来。

最后,需要特别指出的是,大学生创业者除了具备良好的心理素质外,还要有健康的体魄——身体素质。身体素质是创业者和现代企业家其他各方面能力的物质载体。健康是"1",其他一切都是"0"。在拥有健康的前提下,其他愈多,说明人生愈富有;如果没有健康,其他再多,也是无数个零,毫无意义。天将降大任于斯人也,必先苦其心志,劳其筋骨,饿其体肤,空乏其身,行拂乱其所为,所以动心忍性,增益其所不能。创业是劳累、繁重而复杂的,它的性质和特点决定了它对创业者的身体及心理素质的要求比一般人严格得多。由于创业者需要统筹安排一切,因而总是非常忙碌,开始时创业者都凭着一股冲劲在支撑身体,但时间长了就会"透支",从而引起许多健康方面的问题。例如,失眠、神经衰弱、胃溃疡、偏头痛等都是常见的创业者通病。创业者面临的健康问题主要来自两个方面:一是过度疲劳、体力透支;二是精神压力过大。工作繁忙,饮食又没有规律,长此以往,再好的身体也会被拖垮;在精神方面,创业者既要应付公司的内外关系,还要处理一些意料之外的事。因此,创业者往往会感到心事重重,特别是在创业之初,各种工作千头万绪常会使创业者心烦意乱,有的甚至在强大的心理压力下陷入精神抑郁之中。因此,创业者应在心理上做好准备的同时,保持充沛的精力和健康的身体,坚持体育锻炼。科学研究表明,运动不仅能使人的整个身心产生愉悦感,而且能使大脑得到真正的休息。所以许多著名的企业家都将运动列为一生中最重要的事情。只有身体健康、精力充沛,才能使你从容应对创业中的困难与挫折、成功与失败,始终保持良好的创业精神与状态,不断迈向成功的创业顶点。

第五章　大学生创业教育的保障

要使创业教育能够持续、健康、快速地发展，并使理论实践于社会，奉献于时代，就必须构建大学生创业教育的保障机制。创业教育中的师资、创业文化与创业教育的评价能够得到保障才能使创业教育有序开展，社会支持网络则是创业教育条件保障的必要组成部分。

第一节　创业教育的师资

教师是进行教育、实现教育功能的基本力量，是传承文化、启迪文明、培养人才的专业人员，是专业化、制度化的教育者，也是学校教育工作的基层执行者。毛泽东曾经指出："政治路线确定之后，干部就是决定的因素。"邓小平也指出："一个学校能不能为社会主义建设培养合格的人才，培养德智体全面发展、有社会主义觉悟的有文化的劳动者，关键在教师。""只有老师教得好，学生才能学得好"。创业教育同样需要一支具有创业能力的教师队伍。高素质的教师队伍是创业教育质量的基础，是实现创业教育的根本保证。

一、创业教育师资队伍的构成

我国高校的教师队伍由两部分组成：一是教师队伍；二是管理队伍，管理队伍中包括服务人员。当前我国开展创业教育的师资大致由三部分组成：学院派、政工干部和公益型。

(一)学院派

所谓"学院派"，主要是高校创业教育专业教师队伍。创业教育就是要教会学生创业，其教育方式以实践、实用为主体，使学生在创业实践过程中掌握创业知识，提高创业能力。在我国开展创业教育的高校中，以"学院派"教师为主从事大学生创业教育，还兼任 SYB,KAB 创业教师。SYB 创业师资队伍，主要以培养社会人员为教育对象，使想创业者走上创业道路。KAB 师资队伍，主要是针对高校大学生开展创业教育，使大学生掌握创业知识，有利于今后开展创业。当前我国高校创业教师以商业学院教师为主,在原有工商管理、经济管理等相关学科的基础上,抽调部分教师从事创业教育的教学工作。这部分教师主要是从企业管理角度为大学生讲授创办企业。如企业管理、市场营销、财务管理等企业需要的知识。学院派教师的优点就是能够系统的讲解所需要的专业知识,使学生掌握企业管理的知识。从目前教学现状来看,由于这部分教师大多没有创业经验,开展的创业教学也是从理论到理论,侧重"如何创业",对"如何有效地提升大学生创业意识和创业能力"等问题还不够深入。

(二)政工干部

部分高校的创业教师是由学生工作队伍和思想政治理论教师所组成。这部分教师对大学生如何成才、如何激发大学生的创业意识和创业精神等有其独特的教学方法。政工干部包括校领导、从事创业管理的中层干部及创业实践的相关管理人员,他们对如何创办企业、如何管理企业、如何发展企业等现实问题就显得不足。创业教育是大学生就业过程中的新问题,他们对大学生创业感兴趣,也希望从中找到自己的学科方向,提高自己的学术水平,于是积极地投入到创业教育当中。但由于自身对企业知识的缺陷,教学方法、教学手段是以传统为主,这就不能适应创业教育的需求。

(三)公益型

这部分主要是指社会活动家、企业家及部分有志于公益事业的人士组成,他们通过各种媒体传授自己的创业经验及管理企业的方法,有的到高校进行创业宣讲,为我国营造良好的创业氛围做了大量工作。这部分人的优点就是出于为社会做贡献的公益心态和兴趣,愿意为创业教育积极出谋划策,贡献力量。但由于他们自身的经历、知识等方面不同,对大学生创业教育的研究也不够深入,不能系统地给学生讲授创业知识,也不能完全解决大学生创业中的问题。

以上三类教师组成了我国高校创业教育教师队伍。通过我国教育部指定的9所试点院校的情况来看,由于各个学校的学科特点不同,采用了不同类型的创业教师,也有不同类型创业教师组合等形式,尽管由于数量不足不能满足大学生创业需求,但有力地推动了我国大学生创业教育,探索了构建我国大学生创业教育的新模式。

二、创业教育师资队伍的素质要求

创业型教师是知识经济的先行者，创业教育的生力军。创业教师的素质必须符合时代和教育发展的要求。面对知识经济的挑战，教师必须全面提升自身素质，满足创业教育的新要求。

(一)良好的道德品质

教育大计，教师为本，有好的教师，才有好的教育。《教育规划纲要》明确指出："教师要关爱学生，严谨笃学，淡泊名利，自尊自律，以人格魅力和学识魅力教育感染学生，做学生健康成长的指导者和引路人。"高校作为培养创新人才的摇篮，必须有一支师德高尚、业务精湛、结构合理、充满活力的高素质教师队伍，才能满足创业教育的需求。

教师是人类灵魂的工程师，是传道授业解惑之人，是塑造他人灵魂的人，必须要有高尚的灵魂。林崇德认为："师德是指教师在从事教育活动中所形成的比较稳定的道德观念、情感体验和行为规范的总和。"

由此，良好的道德素质是教师具备基本素质的首要环节。孔子说："其身正，不令而行；其身不正，虽令不从。"教师要以身作则，先"正己"，后"正人"起表率作用。教师首先要有崇高的职业道德。职业道德可以激发创业教师积极地投入创业教育当中，在创业教育岗位上，爱岗敬业，精益求精，认真勤恳，诲人不倦。做到言传身教，为人师表。其次要具有与时俱进的德育观。创业者必须具有良好的道德品质，随着市场经济的发展和改革开放进一步扩大，大学生面对的就业压力越来越大，这就要求创业教师必须具有与时俱进的德育观，认清形势，适应新情况，研究新问题，采取新措施，解决新问题，不仅要教会学生如何创业，还要教会学生在创业中学会做人、学会思考。

(二)高度的敬业精神

关于敬业，南宋著名哲学家、教育家朱熹认为"敬业者，专心致志事其业"。教师的敬业精神是教师爱业、勤业、乐业、精业、创业的基本品质。对于一名创业教师而言，必须具有全面的良好的素质，而敬业精神是首要的、最基本的素质。在社会主义市场经济条件下，教师的价值取向、思维方式、行为规范、生活需求等，都普遍受到市场机制及其利益机制的驱动和社会各种思潮的冲击。"教师敬业的核心是尊重职业、精通职业、献身职业"。

尊重职业：教师要做到爱岗敬业，要尊重自己所从事的教育事业，这是一个教师必备的、最基本的心态。教师要深刻认识到教育事业的重大意义，教师只有对自己的工作有了一个正确而充分的认识，才会对教育工作有执着的追求，方能乐此不疲，矢志不移。一个教师确立和培养崇高的职业理想和事业心，真正的尊重职业，把自己从事的教师职业看成是无比神圣的。教师只有对自己的工作产生了深厚的情感，才会有强烈的自豪感、光荣感和责任感，从而严格要求自己，毕生坚守于教育工作岗位。

精通职业：教育大计，教师为本，每个人都追求美好的人生和事业，都希望自己的职业活动有价值、有意义，教师也不例外，为社会做出自己的贡献，实现人生价值。这必须要求教师发愤努力成为业务上的行家里手，驾驭、精通自己从事的专业。教师要对自己专业领域劳动的知识、技能刻苦钻研、精益求精，不断提高业务水平和教育教学能力。

献身职业：教师要热爱自己的职业，还要以忘我精神献身于崇高的职业，这样才能实现自我价值。美国心理学家马斯洛需求层次理论中，认为人的自我实现的需求是最高需求，就是要把献身职业和做出成就看成是自己的职责、使命和责任。教师只有具备献身职业的精神，才能全身心地投入职业劳动和创造，才可能是幸福、愉快和有成就的。

(三)与时俱进的教育观念

观念不是从来就有的，也不是永远不变的。马克思、恩格斯指出："人们的观念、观点和概念，一句话，人们的意识，随着人们的生活条件、人们的社会关系、人们的社会存在的改变而改变……"因此，创业教育要有与时俱进的教育观念。国家中长期教育改革和发展规划纲要中明确提出："深化教育体制改革，关键是更新教育观念，核心是改革人才培养体制，目的是提高人才培养水平，树立全面发展观念，努力造就德智体美全面发展的高素质人才。树立人人成才观念，面向全体学生，促进学生成长成才。"这对新时期人才培养提出了新的要求，人才培养观影响着人才培养体制和教育教学实践，决定着人才培养体制改革的导向，这就要求教师必须更新观念，确立正确的教育观、构建新型的师生观。

树立全面发展的观念，就是要使学生德智体美诸方面得到发展，要坚持育人为本,德育为先。在开展创业教育过程中,要深入进行公民道德教育、民族精神教育,要以理想信念为核心,深入进行正确的世界观、人生观、价值观教育,着力提高学生的学习兴趣、学习能力,提高学生的创新精神和实践能力,要培养学生的劳动观念、劳动态度,提高学生的劳动技能和社会实践能力,这是创业型人才必须具备的基本素质。

树立人人成才观念,就是要树立人人能创业、人人可以创业的理念,为每个学生提供成才的阶梯。只有确立了人人成才的观念,才能发现和正确对待创造性的学生,为他们的成长创造良好的条件。教师要"允许落后,鼓励冒尖",尊重个性,因材施教,使每个学生的创业能力都得到提高。

(四)全面综合的知识结构

创业教育对师资的知识结构要求更加高,美国科学家泰勒曾说:"具有丰富知识和经验的人,比只有一种知识和经验的人更容易产生新的联想和独到的见解。"因此,在创业教师的知识结构中,应包含广博的知识结构、扎实的专业技能和科学方法论的素养。

广博的知识结构。综合的知识结构是创业教师满足学生求知欲,多途径开发学生的创业意识所必需的。在开展创业教育过程中,教师不仅要教会学生创业知识,还要将创业教育与专业教育结合起来,进行学科渗透。这就要求教师要对创业所需要的知识如职业教育、经济管理、社会学、心理学等知识有一定的了解。才能适应创业时代的要求,满足学生的创业需求。

扎实的专业技能。专业技能是创业师资胜任创业教育的基础性知识,只有准确理解、熟练掌握、融会贯通这方面的知识,教师才有能力精心设计教学,在学科教学中对学生进行创业意识、创业机会选择等方面的培养。除掌握创业知识外,创业教师还必须掌握本专业的技能技巧,有较强的动手能力,并要学习新知识、掌握新技术,最好有创业经验。在创业教育过程中必然要开展各类创业实践活动,创业实践过程中需要教师帮助学生解决创业实践中产生的各种问题,这就需要教师将自己的亲身体会直接传授给学生,指导学生开展创业实践,提高学生对创业的理解。

科学方法论的素养。开展创业教育需要教师要有现代教育理论和心理科学方面的知识及科学方法论的素养,它是教师认识学生身心发展规律和教育规律,开展各类创业教育活动和教育研究活动所必需的。科学方法论素养是创业教师与其他一般教师最大的区别,这也是教师知识结构中最薄弱的一环,将会影响到创业教育的实施。

(五)较强的创新能力

实施创业教育,就是培养创新创业人才,创业教师必须具备创新能力。所谓教育创新能力,主要是指教师解决教育教学课题的求异性、新颖性和高效性。具有创新能力的教师,在解决某一教学难题时,不遵循固定的程序与模式,会合理地组织教育内容,灵活地采取各种教育教学方式方法,做到因材施教、因地制宜。教师创新创业能力具有综合性、多层次性,是各种能力的复合体,从创业教师的角度来讲,创业教师的能力应包括以下几方面的要素。

1.确定创业教育教学目标的能力

教师在开展创业教育中,必须确定正确的教育教学目标,教师不仅要考虑到创业教学大纲的要求和创业教学内容的特点,还要考虑到大学生的特点和接受能力。这就要求教师在开展创业教育过程中要善于发现问题,研究科学的教学方法,设计教学方案,有利于学生创业素质的提高。教师在确定创业教育教学目标时,要考虑到大学生的共性和个性特点,使创业教育的目标更有针对性和实效性,这是创业教师创新能力的关键所在。

2.设计与实施创业教育教学方案的能力

创业教育的特殊性在于必须教会学生如何创业,使学生掌握创业知识,提高创业能力。这就要求教师在开展创业教育时要有不同于正常教学的教学方案。要求教师对教学大纲有全面准确的理解,对大学生创业思想、学生的能力素质有科学的分析。还要根据大学生的思想品德、知识结构及创新能力形成的客观规律,确定有助于大学生全面发展的教学活动方式。创业教师要根据自己已有的知识和经验,设计一个最佳的教学方案,这就体现了创业教师的观察力、理解力、想象力。有了科学的教育方案,关键还要看教师能否将教学方案付诸实施,这就要求教师要运用各种教学方法将最佳的教学方案付诸实施,取得教学效果。

3.挖掘学生创业潜质的能力

创业教育实际上是素质教育的另一种形式,能够成功创业是创业者个性的体现,学生的个性决定了大学生的兴趣、爱好、需要、动机、信念、理想等,在开展创业过程中,教师要充分了解每一个学生的特征,因材施教。同时要掌握科学的教学方法,帮助学生评估自己的优缺点,通过创业教育弥补自己的不足,提高学生的创业能力,从而有效地选择自己的创业目标。在教学过程中还要充分调动大学生的积极性,创造一切条件使大学生最大限度地挖掘自身的潜能,提高创业教育的实效性。

创新创业能力不仅仅是一种智力特征,更是一种人格特征,是一种精神状态,是一种综合素质。因此,要提高教师的创业能力,还必须要注意教师创业意识、创造性思维、创业人格等的培养。

(六)高超的教学艺术与管理艺术

创业教师必须具备高超的讲课水平和管理能力,在开展创业教育过程中,必须将大学生的思维调动起来,集中精力听好每一堂课。正如世界著名植物学家米良捷夫所说:"教师不是传声筒,把书本的东西由口头传达出来,也不是照相机,把现实复呈出来,而是艺术家、创造者。"创业教育要求教师具有更高水平的教学和管理艺术。

▶▶ 1. 高超的教学组织能力

课堂教学组织能力是教师完成课堂教学过程中必须具备的能力,课堂教学是由教师、学生、上课内容及活动方式等多种成分和相互密切联系的要素所组成。这就要求在开展创业教育教学的备课中要在设计、安排和组织课堂教学时综合考虑各种成分和要素。课始、课中、课尾的安排要恰当,使课堂教学的各个组成部分优化组合。在课堂教学时,还要体现层次性。在教学中要做到环环相扣,层次有序。同时在教学中要有效地运用教育机制,去灵活地处理课堂教学中出现的各种问题。

课外活动组织能力是教师在课堂教学之外有目的、有计划、有组织地对学生进行的各种有意义的教育活动。它是课堂教学的延续、扩展和补充,有利于提高学生的动手能力,其主要形式有群体活动,如专题讲座、参观访问;各类兴趣小组、科技活动等。这些活动的开展要求教师有计划性、自主性和激励性的能力特点。

▶▶ 2.课堂讲授艺术能力

课堂讲授是一门科学,课堂讲授艺术能力主要是教师运用口头语言创新性地为学生传授知识,开发智力和培养技能。首先,创业教师应具有科学地把握讲授内容的能力。创业教师要对讲授的内容吃透,这样才能把握教材的各个章节,系统地掌握教材的内容,在讲授过程中也不拘泥于教材。在讲授过程中要不断了解学生对讲授内容所提出的疑难问题,针对学生关心的问题,掌握学生对创业学科的未知点,将创业学科的要点知识系统化,把系统知识规律化。其次,教师应具有正确地选择讲授方法的能力。教师选择正确的讲课方法是取得课堂效果的有效手段,也是教师提高讲授水平的重要条件。一是要注重讲授方法的科学性,在讲授过程中,要有科学的内容、科学的态度和科学的语言;二是要注重讲授方法的启发性。在创业教育过程中,教师要通过启发式教学,注重发挥学生在学习过程中的主体作用,营造民主、合作、互助的教学氛围;三是要注重讲授方法的教育性。创业教育中不仅要教会学生创业知识还要提高大学生的创业人格,培养学生的社会责任感。因此,在创业教育过程中,还要有机地进行思想教育、政治教育和道德教育。这就要求教师要以身示范,身教与言教结合,引导学生进行生动活泼的自我教育。四是要注重讲授方法的创新性。创业教师要具备因材施教的创新性讲授能力,善于分析学生的个性特点,根据不同学生的认知特点、思维状态,选择适当的教学方法,从而提高学生的内化知识。

三、创业教育师资队伍的建设

教师是教育事业科学发展的第一资源,是推动创业教育发展的重要力量,创业教育在我国起步比较晚,现有的师资队伍不适应当前创业教育发展的需要,我国目前的师资培养模式也很难快速地建立一支创业教育的教师队伍。因此,要借鉴国外经验,根据我国创业教育的实际,以创新的思维构建一条创业师资培养道路,提高我国创业教师队伍的水平,这是我国培养更多创业型人才的有效思路。

(一)建立专兼职动态发展的创业教育师资队伍

根据国内外创业教育的成功经验,教授创业教育的教师应来自经济管理、工程技术、政府经济部门、企业、创业园、投资公司等领域,他们构成了创业教育专业体系的六个基本要素。根据我国创业教育现状和创业教育开展情况，当前我国创业教育教师应当以专业和兼职师资队伍为主。在这个专兼职创业教育专家体系中，来自高校的教师是从事创业教育最基本、最主要的力量，他们从事着创业教育的知识教学、创业实践、创业管理等工作。

➤➤ 1.校内创业教育教师

创业教育的师资队伍由校内专任教师和兼职教师两部分构成，其中，专任教师主要是从事创业教育研究，并对全校创业教育进行规划、组织管理和教学考核的教师队伍。主要开展专业知识的教育以提高大学生的创业能力及对市场经济的理解，便于寻找商业机会。这类专家还可以在大学生创业过程中给予指导，使大学生经营好自己的企业。兼职教师主要指在各学院从事学生工作的教师，兼任创业教学工作。他们主要是学生工作干部、思想理论课教师、从事相关心理学、法学、管理学等专业的教师，对学生进行思想道德教育。

➤➤ 2.校外兼职教师

由于高校教师缺乏创业经验，为此，在我国开展创业教育过程中，要引进校外专业人才来指导高校创业教育，他们主要有：技术专家、政府人员、成功的企业家、孵化管理专家、风险投资家、法律专家等在内的各类专家构成。各专业师资对大学生创业给予很好的指导和帮助。技术专家可以以企业顾问的形式参加企业的咨询指导，为企业家决策提供帮助，有助于学生在高科技产业中创业时获得最直接的指导。政府人员了解国家的创业政策，可以帮助大学生根据国家产业政策来选择商业机会。政府人员一方面为大学生创业提供政策方面的咨询，帮助大学生申办企业；另一方面可以帮助大学生选择创业产业。成功的企业家具有强烈的竞争意识和坚定的自信心，成功企业家的创业经历可以使大学生少走弯路，为创业者树立信心。孵化管理专家能够在企业创办初期举步维艰时，提供资金、管理等多种便利，旨在对高新技术成果、科技型企业和创业企业进行孵化，以推动合作和交流，这些管理专家可以帮助企业者尽快建立自己的企业，可以帮助创业者创办的企业更好的发展。风险投资家具有工程技术专业基础知识、金融投资实践经验、掌握现代财务会计知识、精通法律知识、掌握现代管理知识，具有敏锐的判断力，高超的组织协调能力，善于把握时机，决策果敢等素质。他们的投资经验可以帮助大学生学习创业知识、提高创业技能，选择很好的创业机会，使大学生很快走上创业之路。

　　以上这部分专家是动态的,他们可以在高校创业教育管理部门的协调统一下,做好大学生的创业教育,上课形式可以多样化,充分发挥专兼职教师队伍的特长。

(二)构建创业教育学科体系,培养师资队伍

　　西方发达国家的创业经验告诉我们,创业教育的发展与创业学学科建设有很大关系,如哈佛大学的创业教育,依托商学院/管理学院负责创业教育的日常管理、经费筹措、师资培养、课程设置等工作。这种创业教育模式也推动了创业学作为一门独立的学科在高校得到发展。我国创业教育的发展同样要借鉴西方发达国家的经验,建构科学的创业学人才培养体系。

　　要确立创业教育的学科体系地位。"没有体系,便不能成为科学。"我国所开展的创业教育活动中,"创业学"是作为一门课程来对待的。其基本内容是围绕创办企业、管理企业、企业清算这一周期展开。中国创业学研究所所长席升阳教授指出:"一个可以称之为体系的知识系统,必须满足三个基本条件:第一,系统的合逻辑性;第二,系统的协调性;第三,系统的完备性。"当前这三个条件可以说基本满足,只有尽快确立创业教育的学科体系,才能吸引优秀人才加盟到创业教育教学和研究的行列中来,教师队伍才能像有源之水延绵不断。

　　依托学科体系培养创业型教师。当前,我国已有部分学校在工商管理专业硕士点,设立创业管理研究方向,而创业教育师资的主要来源将依托创业管理方向,培养创业专业名称下的高级人才。有条件的高校应借鉴美国的经验如斯坦福大学设立创业学专业,开展理工科研究生创业学方向的培养,该方向可以授予哲学博士学位,主要培养未来从事创业教育的师资力量。我国也应当探索创业学硕士、博士的招生,探索在已有的学位中增加创业教育方向,来培养创业教育的高级人才,以满足我国创业教育飞速发展过程中创业师资的不足。

(三)加强创业教育队伍的专业培训

　　优秀的创业教师应当是学科知识、专业知识、职业规划和创业实践相统一的。创业教师要不断提高教学水平,武装自己的头脑。高校要开展各类培训,通过有效的培训来提高教师的教学水平。列宁指出:"教育、训练和培养出全面发展的,

受到全面训练的人,即会做一切工作的人。"教师通过培训达到人的智力和体力的统一,从而提高业务能力。

探索与国外高校合作开展专业培训。西方发达国家如美国、英国都有大学开设了专门创业教育师资的培训,创业师资培训体系健全。我国的师资培训要走国内和国际培养相结合的道路。既要立足我国的国情,又要以世界眼光进行研究和教学。这就要求我国高校应加强与世界创业教育发达的高校加强合作。通过合作可以加强创业教育的研究,可以通过开展联合培养博士、硕士的形式提高我国创业师资的水平。

第二节　创业教育评价体系

一、创业教育评价的原则

(一)全面性原则

创业教育评估的全面性原则是指遵循教育内部规律,以创新创业人才培养为目标,必须坚持全面的观点对教育现象进行多指标的综合分析和判断,力戒片面。在评价时,即要考虑教育内部的评价,也要遵循教育外部规律,密切关注社会反馈。通过高校和社会的评价,逐步构建科学的、开放的、动态的大学生创业教育评价体系,促进创新创业教育的与时俱进。

(二)导向性原则

评估不是目的,更重要的是引导高等学校探索如何在全新的创新创业人才培养中对人才培养目标、培养效果等进行评价,通过评价、反馈和调节,对高等学校开展创业教育的质量、存在的不足等进行思考,是促进高校结合自身特点、深化教育教学改革、全面探索和构建各具特色的创新创业人才培养模式的过程,有助于创业教育的进一步改革,提升创业教育的水平上台阶。

(三)一般与特殊相结合的原则

一般性是指在教育评价时,必须采用普遍适应的标准,有利于使被评价单位知道自己在群体中的位置。特殊性是指高等学校中研究型大学、高校软硬件及教育工作者水平的不同,在学校与学校、教师与教师、学生与学生之间存在差异,实施教学评估时不能只搞一个模式,不能一刀切,应分别区分,提出不同要求,要对不同的学校灵活对待。

二、创业教育评价的内容构成

(一)创业教育理念和目标的评价

创业教育的理念和培养目标是高等学校开展创业教育的重要因素,它关系到开展创业教育的全过程,它体现了高等学校深化教学改革,不断探索与实践创业教育,培养创业型人才的办学指导思想。评价高校的创业理念和培养目标主要考察是否体现在一个学校的办学思想上,看其课程设置、教学方式等环节是否具有创业教育的理念,所实施的教育方式是否符合创业教育的要求等也是评价的内容之一。

(二)课程设置的评价

创业教育的课程设置是创业教育的重要环节,创业教育必须在课程设计上做到"结构合理化、内容主体化、形式多样化"。课程设置要体现创业教育的特殊性,要改变只重知识传承和知识教育的单一功能,要促进学生创新创业能力的提高;改革课程结构,强化知识结构的完整性,使学生在校学习期间能够提高学生生产、生活的"活"知识,加强教育与社会实践的联系,提高学生终身学习的能力;课程设置在内容上,要有多样化的课程,能够充分发挥学生主动性、积极性和创造性,从而培养学生的观察力、较强的动手能力及勇于探索的精神。

(三)学生创业教育学业评价

学业评价是教育评价的重要组成部分,"是指以国家的教育教学为依据,运用恰当的、有效的工具和途径,系统地收集学生在各门学科教学和自学的影响下认知行为上的变化信息和证据,并对学生的知识和能力水平进行价值判断的过程"。创业教育中的学生学业评价,主要指学生创业能力的评价,是对大学生创业活动中的创业行为的价值判断活动。评价的客体为大学生创业活动,评价的主体是对大学生创业活动进行评价的评价者。大学生创业能力评价是由学生、学校和投资者及政府对大学生创业的各个环节,特别是创业者自身的素质、创业群体的整体水平和创业者所拥有的知识产品或服务的科技含量、市场前景、技术的可靠性等作为评判的重要指标。对大学生创业后开展的创业能力的评价,有利于对高等学校开展创业教育进行评估。

(四)教师创业能力的评价

教师评价就是根据教师的知识、技能、教学成果来对他们的优缺点及个人价值做出描述和评判的过程。创业教育中的教师的评价应当从教师的创业能力、科研能力及教学效果等方面来评价。

创业能力的评价。教师的任务,不仅是教书,更重要的是育人。教师的创业能力是创业教育的基础,学校一方面要通过一系列手段提高教师的创业能力;另一方面要注重对教师自身创业教育的水平进行评价,对教师创业教育能力的评价主要包括:教师的教育动机、教育观念、教育方式、教育手段及教师的创业知识结构、创业实践能力等。通过评价调动教师不断地提高自己的创业能力,引导教师尝试创业实践,提高自己的实践能力,从而提高教学水平。

科研能力的评价。创新创业教育在我国还处在起步阶段,创业教育的方式、方法、教学内容等还有待于进一步的研究,教师必须投入创业教育的研究当中。承担科研课题、参加学术活动、撰写学术论文是提高教师教学水平的有效方法,教师通过科研来改善自己的知识结构,提高自己的教学水平。

教学效果的评价。教学效果的评价是创业教育评价的关键,教学效果的评价一般包括基本理论与基本技能,基本理论可以从学生掌握专业知识角度评价。基本技能的评价应更加关注学生在各级各类竞赛中的表现,学生毕业后参加创业的水平,以社会评价为主,更能体现教学效果。

三、创业教育评价体系的主体方式

(一)高校自评

这是一种自我评价,其中创业理念是最为关键的考核内容之一,它对创业教育的全过程具有指导作用,对创业教育的效果起着决定性的作用。对创业教育理念的评价,主要是通过对创业教育的学分、创业教育的课程设置、专项基金培育支持等项来体现。要考察学校是否将创新、创造与创业等结合起来,系统开展专业性的教育、普及性的创业教育及全方位的进行渗透性的创业教育,这些构成了创业教育理念评价的主要因素和观测点。对创业教育活动的评价,主要从开展创业计划大赛等创业活动进行评价,从创业宣传的覆盖面与影响力、参加创业活动的学生人次和比例来评价。创业实践主要是从各类创业实践课程来入手,通过创业实践课程的设置,创业实践的针对性与可行性、校园创业文化、创业者的创业素质等方面来评价创业实践。

(二)政府评价

政府对高校开展创业教育的评价,当前研究的较少,但从现有创业教育现状来看可以从以下三部分评价:一是从大学毕业生的创业率与就业率之比。当前政府每年都对高校大学毕业生进行考察,对创业教育的评价可以采用大学生创业率来评价。大学生毕业几年后,经过几年的职业设计,一般具有较为稳定的职业。这时大学生的创业能力就可以从创业人数上来考察,这是评价高校创业教育最为稳妥的指标之一。二是从毕业生的创业效果。大学毕业生经过几年的创业后,创业项目的领先性、成长性、经济效益与行业分布等来说明毕业生的创业能力。三是从创业者为社会提供的创业机会。创业者的社会效益是体现创业成功的重要指标,创业者为社会提供的就业机会、职工的社会福利、职工的教育培训等是创业者最大的社会效益。

(三)社会评价

社会对高校开展创业教育的评价是最为科学的评价指标之一,西方很多发达国家对高校的评价都使用毕业生参加工作后的现状来评价高校的教育水平。评价的主要指标:一是毕业生的综合素质。毕业生综合素质可以从毕业生收集信息、分析问题、解决社会问题、在团队中的作用及单位年终考核等多方面来考察。二是职业结构与收入。毕业生的职业结构可以看出高校创业教育的水平,职业结构可以划分为五类:一类是科学家、工程师等;二类是企业家、医生、律师等;三类是企业中的管理人员、事业单位的中层领导干部等;四类是企业中的技术人员、事业单位的职工等;五类是简单型、熟练型、体力型的劳动者等。可以依据以上五类的毕业生的比例,客观的分析出各类大学教育质量。三是毕业生的社会影响。毕业生的社会影响的评价应从其所主导的企业在其行业内部的认同感、领袖人物的公众形象等方面来进行。

第三节　创业教育的文化

一、创业文化中的物质形态

物质形态是指科学发展、艺术、技术等创造发明物化在产品上的文化。高校的物质环境也叫学校环境中的硬环境,硬环境包括周边环境、校园布局、建筑设计、校园景观、绿化美化、教学设施、教室布置等。校园的物质文化形态是学校的物质基础,校容校貌是校园文化最直观的外在表现形式,是师生教学活动的物质载体,是师生活动的精神家园。作为师生活动的空间,学校的物质形态也蕴涵着某种哲学、文化和教育理念,办学的指导思想、学校的培养目标等都渗透在校园环境之中,它能够激发师生的潜能,感悟其深邃的文化传统和哲学思想,进而改善其行为、涵养气质,这是一种不可替代的隐性课程,对学生进行潜移默化的教育。

创业文化中的物质形态能够影响人的思想、行为,是一种无形的精神文化氛围,具有明显的特征。基础性。物质环境是创业教育存在和发展的基本前提,物质形态具有客观实在性和相对稳定性,一经形成,会在一定时期内存在并发挥长久作用。中介性。中介性是指创业教育的理念、内容可以与物质环境相结合,使物质形态成为传递教育理念、达到教育目的的中介。

二、创业文化中的制度形态

制度形态是指人类为满足或适应某种基本需要而建立的各种典章制度及法则。学校制度是指学校在长期的办学过程中所形成的调节校内各种社会关系及师生员工行为的管理制度和规范体系,包括学校的各种规章制度、道德规范、行为准则等。创业文化中的制度必须满足当前大学生创业教育的需要,有利于大学生创业教育的开展。各类制度要与时代和社会发展的主题相一致,还要与创业教育的根本目标相一致,要有利于促进人的全面与自由发展。这就要在学生管理的观念、学籍管理、学生评价等方面制定科学的管理制度。

树立"主体性"的学生管理理念,构建科学的学生评价机制,完善创业教育配套机制。在创业教育的教学过程中要发挥大学生的"主体性",使学生积极参与到创业教育当中来,同样学生管理需要发挥大学生的主体作用和积极性,这不仅对教育工作的顺利开展具有重要意义,也充分调动大学生的积极性和主动性,引导他们进行自我教育、自我管理、自我服务。树立"主体性"的学生管理理念,就是要改变传统的教育方式,重视大学生的主体性作用。要注意以学生为本,发挥学生的自我意识,引导学生自我教育。大学生的主体意识包括"自强奋斗意识、自立学习意识、自我发展意识、自我创造意识、自我修养意识、自我管理意识、自我评价意识和自我完善意识"。当然,我们说树立"主体性"学生管理理念,并不是对大学生放任自流,而是要在管理过程中加强指导下发挥学生的主体性。这样既做到引导又让学生认识到自己在自身发展中的主人翁地位。

三、创业文化中的观念形态

观念形态是指人类创造的各种语言文字、数学抽象符号及各种科学发展著作和文化作品,即各种文化的物质载体。它是校园文化的核心和灵魂,主要有优良传统、师生员工的价值观念、道德意识、理想信念、审美情趣、心理素质等,它是创业文化中的最高层次。对于大学来说,创业文化是指一所大学在实施创业教育的长期过程中,所形成的崇尚创业精神、鼓励创业行为、宽容创业挫折等关于大学生创业行动的文化。因此,高校应当在开展创业教育过程中,要探索观念形态的校园文化,以促进大学生的创业意识,提高创业素质。

要加强宣传创业典型,形成良好的创业氛围。创业文化的观念形态是要经过长期的积累、不断宣传才能转变的。高校必须通过各种舆论工具宣传、教育、支持、鼓励创业,在全国范围内宣传大学生创业典型,使大学生敢于创业、乐于创业、创业致富、创业光荣、创业伟大,充分激发大学生的创业激情,转变就业观念,勇于创业。随着社会主义市场经济的不断深化,全社会正在形成"国家宏观调控、市场微观调节、个人积极作为"的就业、创业新格局。随着社会主义市场经济的不断深化,全社会正在形成"国家宏观调控、市场微观调节、个人积极作为"的就业、创业新格局。只有当自主创业的观念在青年大学生思想中根深蒂固,青年大学生真正摒弃端上"铁饭碗"才算就业的陈腐观念之后,才能真正主动挑战风险、增强创业意识。

四、创业文化中的活动形态

马克思在《关于费尔巴哈的提纲》中指出："社会生活在本质上是实践的。凡是把理论导致神秘主义的东西,都能在人的实践中及对这个实践的理解中得到合理的解决。"实践的观点是马克思主义最基本的观点和基石。创业文化中的活动形态是指各种文化创造和传播活动及文化团体和设施。如各种学术活动、文娱活动,文化出版机构、学术机构等。活动形态是创业文化中的有形载体,是教育者为了达到创业教育的目的,通过开展各种活动,寓创业教育内容于活动之中,使学生在参与活动的过程中潜移默化地受到教育,是实现教育与自我教育有机统一的重要形式。

活动形态的组织形式主要有社团活动、社会实践活动,学生在实践中处理遇到的各种困难,需要动手、动脑,需要思考,在解决这些具体问题时可以学到书本上学不到的知识,培养锻炼学生综合能力,全面提高自身素质。创业文化的活动形态是校园文化影响学生素质培养最直接的方式,是培养大学生创业意识、创业心理品质和创业能力的重要渠道,是学生对创业文化最直接的体验。一是开展相关创业实践活动,培养大学生的创业意识。在高校通过开展创业计划大赛、创业文化节、创业事迹报告会、创业演讲赛、创业培训班等活动,浓郁校园的创业文化氛围。二是将创业教育与人文素质教育结合,通过文学、音乐、美术等人文知识的学习提高大学生的创业人文素质,培育大学生的创业精神。三是发挥学生社团的作用,以创业型社团为依托,通过开展党团活动、科技活动、体育活动等各类活动渗透创业活动的内容,来培育大学生的创业意识和技能教育。四是鼓励大学生开展创业实践,可以利用假期开展各类创业调查、走访创业者等活动,了解创业者的基本素质,通过参与企业工作掌握企业的运营现状,从而提高自己开办企业的能力。

第六章 当代大学生创业精神培育

第一节 大学生创业精神培育的内涵及其意义

一、大学生创业精神培育的内涵

由于创业活动的综合性和创业研究的学科交叉性,学界关于"创业"一词的定义至今没有达成一致,众多研究者从各个不同的视角对创业下过定义。"创业"在上海辞书出版社出版的《辞海》中定义为"创立基业",《现代汉语字典(第7版)》中则将创业定义为创办事业。可见,我国对创业的定义大多从宏观角度出发。在大学生创新创业活动中的创业,大部分中国学者都是借鉴国外学者研究成果,从狭义角度进行的理解。综合各家学者的观点,笔者认为大学生创业是利用各种机会、资源挖掘自身潜力,在创造新价值的过程中实现自我价值的过程,在这个过程中考察的是学生创业精神和创业能力。创业不仅指创立新的企业,在任何工作岗位上创造新的价值都属于创业活动。

(一)大学生创业精神的含义

关于创业精神的理解国内学者更多从国家角度出发。《马克思主义哲学大辞典》和《伦理学大辞典》中从国家层面对创业精神进行了界定,将其定义为在建设有中国特色社会主义过程中,用来进一步凝聚、激励广大干部和人民群众,同心同德,克服困难,开拓前进,夺取改革开放和现代化建设新胜利的精神动力。从这一角度出发,创业精神是我国先进文化的重要组成部分,是推动化会主义现代化建设、实现中华民族伟大复兴中国梦的重要精神力量。我国关于创业精神的研究还处于起步阶段,主要借鉴国外的研究成果,学者们关于创业精神的理解众说纷纭,比较有代表性的观点有以下几种。

南京市社会科学院党委书记、研究员周直认为创业精神是一种勇往直前的文化心理过程。在这个过程中创业者要善于捕捉机遇、敢于承担风险,为创造新的价值努力发挥创造力。在此基础上,周茂东,宋岩等人提出创业精神是一个过程,是个体通过有组织的努力,以创新的方式追求机会、创造新价值的过程。他们都将创业精神界定为一种心理过程。于长湖等人则提出创业精神是一种思想观念和精神状态。骆守俭出版的《创业精神导论》一书中也肯定了这一思想观念。

由于创业精神研究是一个多学科交叉的领域,经济学、教育学、心理学、社会学等学者们不同的学科背景必然产生迥异的理解。笔者认为创业精神是一种指导人们利用现有条件充分发挥主观能动性,通过努力和创新,追求机会,创造更多社会价值的精神力量。创业精神是时代精神在就业和创业实践中的具体体现,表现为创业者的优良品质和社会组织的精神风貌,作为一种强大的精神力量,激励人们创新的方式开创新的事业。大学生创业精神指大学生在创新创业活动中表现出的敢为人先、善于思考的创新精神,勤于实践、艰苦奋斗的实干精神,追求卓越、永不止步的学习精神,坚韧不拔、知难而进的坚定信念。

创业精神培育是大学生创业教育和思想教育的重要组成部分,是高等教育改革的重要途径和新契机。大学生创业精神培育是高校引导大学生树立正确的就业创业观念,培养学生自主开创事业的意识,激发创业精神,形成创业品质,在理论与实践学习中不断提高创业能力,创造新价值的教育和培养过程。大学生创业精神的培养不仅需要理论知识的传授更需要社会实践的锻炼,应该作为一种理念贯穿于高等教育与管理过程始终,引导学生在学习和工作中树立自信,秉承责任意识和坚定的理想信念,充分发挥创造性思维,积极主动发现新机遇、开创新局面,主动获得并增强成功创业所需的综合能力。

(二)大学生创业精神的基本内容

≫ 1. 敢为人先、善于思考的创新精神

创业精神的本质是创新。开创事业是一个艰难的过程,必定经历一番崎岖坎坷。大学生在创业过程中会面临很多机遇和挑战,尤其转型期的中国政治经济环境为创业者提供了成功的机遇,同时也蕴含了巨大的挑战和风险。大学生要想在事业上取得成功,求稳怕输、缺乏冒险精神是行不通的。有冒险精神,在实践过程中敢为人先并不意味着违背事物发展规律地盲目蛮干,而是对外在条件充分调查研究、深思熟虑后的大胆创新。敢为人先的创新精神不仅表现在追求成功的行动中,而且表现在敢于承担风险事业。

在创业过程中,只有善于思考,善于利用马克思列宁主义和中国特色社会主

义理论体系这些思想武器,对错综复杂的社会现象进行思考,才能透过现象看到事物的本质,了解苦难的根源,找到解决问题、克服困难的途径和方法。实践证明,马克思主义唯物辩证法是科学的思维方法,学校要注重引导学生形成超常规探索和迎接挑战的思维方式,帮助创业者创造无限的可能。大学生要树立强烈的创新自信,敢于走前人没有走过的路。

▶▶ 2.勤于实践、艰苦奋斗的实干精神

创业不是纸上谈兵,需要根据实际情况抓住机遇、分析问题解决问题,提出新的思路,创造新的价值,需要踏踏实实地艰苦努为。勤于实践,在社会实践中艰苦奋斗,在增强能为和实力的基础上,不断提高自己实干能力。大学生在成长成才的过程中不仅要掌握书本知识,具备一定的理论基础,更要通过实践学以致用、不断积累经验。实践是检验真理的唯一标准,只有勤于实践,不断在实践中体验真实感受。在创业过程中要发扬艰苦奋斗精神,尤其从学生到职业人转变初期,要勤于实践,善于果断、勇敢地抓住机会,积极争取社会资源、不断积累资金和经验,增强自身实为。勤于实践的实干精神是创业精神培育和践行的先导。在职业生涯发展过程中,用实践检验一切,自觉将思想认识从那些不合时宜的传统观念和做法的束缚中解放出来。不断有所发现、有所创新,不断赋予大学生就业创业观念以鲜明的特色和时代特征。

▶▶ 3.追求卓越、永不止步的学习精神

追求卓越是开创事业的巨大推动力,开创事业的过程是一个在学习中摸索前进的过程,学习贯彻于创业过程的始终,并动态地影响着事业发展的绩效及成长。在创业过程中善于学习、坚持学习是事业取得竞争优势的关键。在急剧变化的社会环境中不断追求卓越,要前瞻性的眼光和思维与变化着的环境保持协调一致,主动适应环境,不断更新观念,始终做到"与时俱进"。在多元社会中永不止步,就是要树立"终身学习"的观念,坚持自主学习,使自己具有科学的思维方式和宽阔的文化视野。在学习中善于思考,注重理论联系实际,对整个文化环境进行整合与创新,才能在激烈的市场竞争中立于不败之地。

▶▶ 4.坚韧不拔、知难而进的坚定信念

列宁说事物的发展是按照螺旋式前进的,事物发展的基本方向和趋势是前进

的和上升的,但是具体方式并不是直线式的,是在迂回中前进的。正如毛泽东所说,前途是光明的,道路是曲折的。创业是一个不断摸索创新的过程,大学生在创业初期由于知识结构单一、技能不强,社会经验不足、社会资源缺乏,不可避免地会遇到很多困难和挫折。这就需要创业者有顽强的创业意志和坚定的创业信念,自信地面对挫折和失败,时刻保持创业激情,并不断提高承受失败和挫折的能力。因此,大学生创业精神的塑造要注重心理素质的培养,引导到学生树立坚定的创业信念和坚韧不拔的意志品质,培养大学生勇于面对和超越逆境的能为。

(三)大学生创业精神培育的含义

创业精神培育是大学生创业教育和思想教育的重要组成部分,是高等教育改革的重要途径和新契机。在国家推进大众创业新引擎发展的新形势下,高等教育将创业精神纳入教育体系和培养目标,注重学生综合素质和创新思维的培养,逐步改善传统人才培养模式。大学生创业精神培育是高校引导大学生树立正确的就业创业观念,培养学生自主开创事业的创业意识,激发创业热情,形成创业品质,鼓励学生在理论与实践学习中不断提高创业能力,创造新价值的教育和培养过程。大学生创业精神的培养是一个系统化工程,不仅需要理论知识的学习更需要创业创新实践的锻炼和社会家庭的支持和包容,它并不是让每个学生都学习创办新的企业,而是以创业精神面对学习、生活和工作,不断创造新价值。创业精神应该作为一种理念贯穿于高等教育与管理过程始终,引导学生在学习和工作中树立自信,秉承责任意识和坚定的理想信念,充分发挥创造性思维,积极主动发现新机遇、开创新局面,主动获得并增强成功创业所需的综合能力。

二、大学生创业精神培育的意义

习近平总书记指出,中国梦的实现必须弘扬中国精神,大学生创业精神是以改革创新为核心的时代精神的重要组成部分,也是时代精神在大学生群体中的具体体现。在知识经济时代,人力资本已经成为发展经济的第一资源。创新是知识经济的灵魂,更是知识经济对现代意义上的人才提出的新要求。大学在全球产业竞争中具有战略性地位,大学生作为现代和未来的人才储备主力,必须具有创业精神、实践能力和创业能力。加强大学生创业精神培育对学生自身价值的实现、高校教育体制改革、社会经济改革和发展具有深远的现实意义。

（一）大学生个人价值实现的现实需要

依据马斯洛需求层次理论，人在自然和社会发展中有各种需求，在满足生理性需求的基础上不断提高发展性需求层次。自我实现是人类需求的最高层次，也是人类毕生的追求，这是充分发挥和实现自己潜能的一种趋势。大学生在实现个人价值的过程中，要有与其追求相匹配的品质和能力。创业精神作为一种精神动力，鼓励学生敢于冒险突破自我，发挥创造性思维，积极开创新局面，在生涯规划与发展中最大限度地发挥自己的才能，实现个人价值与社会价值的统一，高校基于学生个人特质培养创业创新型人才，帮助大学生树立新的就业创业观念，引导学生积极参与创新创业活动，提高创新创业能力，有利于促进学生个性化发展和综合素质的提高，实现自身全面发展。

（二）高校教育体制改革和发展的内在要求

高等院校要实现可持续发展必须不断适应市场需求，提高服务社会的能力。高等教育进行教育体制改革就要不断更新教育观念、变革教育模式、完善教育体系，逐步实现从重知识到重能力的转变，提高人才培养质量，加速理论知识、科研成果向社会生产力和发展力的转化。在大学生群体中开展创业教育，培育具有创业精神的创新创业型人才，要求高校打破传统教育理念和教育体制的束缚，创新教育理念与模式，引导学生积极参与创新创业实践，加速理论创新向实践创新的转化速度。这也是实现高等教育改革目标的重要环节，是高等教育改革和发展的必然选择和内在需求。同时培育大学生创业精神是高等院校适应社会发展的必然结果。中国特色社会主义市场经济的发展处于转型期，我国经济结构的调整导致对人才需求的结构发生重大变化，社会对知识密集型新兴服务业人才的需求不断增大，中国新阶层队伍的数量和质量需要进一步发展壮大。高等院校作为人才培育的主要基地，必须注重创业型人才的培养，不断提高大学生群体的创业精神，全面推进素质教育。

（三）全面深化改革建设创新型国家的客观要求

创业精神是创新创业活动发展的动力和源泉，推动科学技术理论与创新创业实践向社会生产力转化。培育具有创业精神的创业创新型人才，促进科技创新和管理创新,实现经济发展方式的多元化,从而加速经济发展方式的转变,推进产业结构优化升级,形成创业友好型经济发展环境。在当前就业岗位有限、就业形势严峻的情况下,创业精神培育成为解决就业问题的根本出路。创业精神引导大学生树立创业型思维观念,在就业过程中更快摆脱进入体制拥有"铁饭碗"的传统思维,在工作岗位上勇于创新、实干,充分利用资源开创新的事业,不仅为社会创造了更多就业岗位,更提高了全社会的生产效益。培育创业创新型人才,为经济发展和社会进步提供人才支持和智力保障,是贯彻落实党的十八大创新驱动发展战略,加快完善社会主义市场经济体制和加快转变经济发展方式的迫切需要,有利于推动整个国民经济的繁荣发展。加强大学生创业精神培育,拓宽思维路径,树立创新观念,增强创业意识,激励大学生积极投身于践行创业精神的伟大实践中。用创业精神凝聚力量,激发活力、化大创业队伍,增强经济发展动力。大力培育创业精神,牢牢把握创业教育的精髓,唱响大学生职业生涯规划的主旋律,才能传承中华民族艰苦奋斗的精神实质,不断拓展中华民族追求卓越、自强不息的精神内涵。

第二节　当代大学生创业精神培育的历史发展

一、大学生创业精神培育的发展历程

创业精神根植于我国传统文化,尤其是艰苦创业贯穿我国历史发展始终。现代创业精神培育是高等院校创业教育的重要组成部分,在创业教育发展中逐渐脱颖而出。《21世纪的高等教育:展望与行动世界宣言》中明确提出未来的学生不仅要有能力成功就业,更要逐渐增强为社会创造工作岗位的能力;在高校教育中要注重增强创业精神,不断提高学生的创新创业技能训练,将其作为一项重要任务纳入教育改革。其后,联合国教科文组织要求各高校在教学中,突出创业精神的基础地位,注重学生综合素质的提升,加强社会实践、重视技能开发。在国际环境的影响下,创业精神培育开始作为教育目标进入我国高等教育领域,并经历了萌芽时期、初步发展和全面发展三个发展阶段。

(一)萌芽阶段:以创业活动激发创业精神

这一时期高等院校创新创业实践活动的蓬勃发展,很大程度上激发了大学生的创业精神,越来越多的高校和大学生积极参与到创业实践活动中。与此同时,创业精神也开始得到教育系统的关注。20世纪末,《中共中央国务院关于深化教育改革全面推进素质教育的决定》(以下简称《决定》)出台,文件规定中明确要求,高等教育要深化体制改革,改变传统教育中只重知识、成绩的现状,培育创业精神,更加注重社会实践能力培养和创新能力的锻炼。首次将创业精神培育列入高等教育体制改革目标。这一时期我国关于大学生创业精神培育的研究成果虽然罕见,但是国家提倡艰苦创业的社会环境、高等教育全面推进素质教育改革的决定、蓬勃发展的创业实践活动为创业精神的发展创造了良好的环境。

(二)导入阶段:以创业能力培养为重点带动创业精神

这一时期,创业教育的重点是创业能力的培养,大学生的创业精神在创业课程开展、创新创业实践活动中得到提升,但是创业精神培育工作作为创业教育的附属,没有实现突破性发展。

(三)全面发展:以创业精神指导创业教育的开展

在创业教育开展过程中,国家更加注重意识形态领域即创业精神的培育,并且从体制机制、政策及支持服务体系角度保障创业精神培育工作。我国创业精神培育工作逐渐摆脱"附属"地位,作为独立的体系得到关注,高等院校开始将精神培养纳入教育目标,指导创业创新实践活动的开展。

二、当代大学生创业精神培育的基本经验

虽然我国创业精神培育工作尚处于起步阶段,但是伴随着创业教育的发展已有20余年的历史,精神培育与创业教育的全面开展更是息息相关,在创业教育探索过程中为创业精神培育体系的建构提供了很多经验。

(一)国家重视大学生创业教育和创业精神培育

我国创业教育工作一直在政府的指导下发展,国家教育部、财政部、发改委等各个部门从自身职能出发,为创业创新实践活动的发展营造环境、创造条件。一方面党中央和国务院出台一系列鼓励大学生创新创业的政策,要求高等教育重视学生创业能力的培育和精神的培育,并将其纳入教育改革目标;另一方面,召开专

门的创业教育工作会议,召集全国专家为创业精神培育和能力培养献言献策,通过试点工作切实推进高校创业教育实践的发展,促进大学生思想观念的变革。

(二)高等学校重视和落实创业精神培育工作

各高校积极贯彻落实国家教育部政策,注重大学生创业教育和创业精神的培育工作,从人才培养和学校发展的高度,制定了相应的创业教育规划,结合学校实际,重点推进创新创业工作,将创新创业纳入人才培养体系,贯穿人才培养全过程。例如:山东大学"培育创新意识、培养创造能力和锻造创业精神"的"三创"思维模式,构筑了较为完善的学生创新创业教育体系,以不断创新和不懈的努力呵护着同学们的创造激情,着力培养和造就具有"创新意识、创造能力、创业精神"的创新型人才。同济大学着力建设大学生创新创业教育平台,将其纳入到整个学校教育体系,将思维意识的树立、精神的培养、创新创业能力的提高渗透到人才培养的各个环节里。在教育目标指导下,各高校调整、改革课程体系,设立支持大学生创新创业组织平台,创新创业教育逐渐向大众化、专业化发展,为我国创业精神培育创造了良好的环境。高校重视创业教育工作,将加强创新创业教育作为教育改革的重点,面向全体学生开展创新创业教育,逐步探索出符合校情的创新创业培育体制机制,在教育实践活动中带动了创业精神的发展,为创业精神培育体系的建设奠定了基础。

第三节　当代大学生创业精神培育存在的问题及原因

一、当代大学生创业精神培育存在的问题

我国大学生创业精神培育尚处于起步阶段,在学生的教育目标中并没有把创业精神作为一种需要学生在大学教育中获取的意识和行为特征,也就是在意识层面上,国内大多数高校重视不足。在创业教育研究中重能力培养轻精神培育,研究对象忽视个性化和主体化,培养目标和内容不明确,培养路径缺乏系统性和整体性。我国相对落后的创业教育和创业精神培育体系难从满足"创业者"个体需求和社会发展的要求。

(一)高校对创业精神培育工作落实程度参差不齐

我国对现代创业精神和创业教育的认识迟、起步晚，开展"创业教育"试点工作以来，中国人民大学、北京航空航天大学等高校将创业教育和创业精神培育纳入教学体系，在机制保障、政策鼓励、课程体系、丰富教育活动、搭建创业实践平台等方面成效显著。大学生在这样的教育目标和教育环境下，创新创业意识不断增强，实践活动能力得到提升，创业精神在就业创业活动中得到了很好的体现。其中山东大学高度重视培育创新创业文化，着力于科技学术为中心的校园文化建设，通过各项制度、多种举措，切实为学生创新创业培育肥沃的土壤。

但是最近一项针对 20 所高校发放的近 2000 份调查问卷显示：25％的受访青年希望进入体制内工作，青年对体制内趋之若鹜的首要原因是能够拥有稳定的"铁饭碗"。其中分别有 71.1％、39.4％、38.3％的青年将"稳定""亲朋好友建议考，同学都考""就业难，找不到更好工作"作为考虑因素，这些数据反映出青年求稳怕输、盲目从众、创新精神不足。

(二)高等院校创业教育缺乏制度化体系

目前，大学生创业精神培育和创业教育尚未被纳入正规的教学体系。在科研方面创新创业教育科研力量严重不足，创业教育和创业精神培育缺乏坚实的理论基础，难以上升到理论学科层面。笔者通过中国期刊全文数据库及优秀图书学术搜索，现有关于创业精神培育的文献显示，我国创业精神发展现状和培育状况并不乐观。面临全面深化改革的重要战略机遇期，我国发展创新型国家需要创业精神的支撑和指导。现有教育体制下的学生知识结构和综合素质难以满足开展创新创业实践的需求，创新创业实践的综合性与大学生知识结构的专业性相矛盾。高等学校创业教育涉及教学体制和学生培养模式的改革，需要一个漫长的探索过程，在探索过程中亦需要创业精神作为支撑。创业课程体系建设处于起步阶段，课程内容局限于"大学生创新创业基础""大学生创业教育理论与实践"等综合类基础课程，缺乏专业化、系统化专门教材；授课过程注重理论知识的传授，忽视学生创业意识和创业能力的锻炼；创业教育师资力量严重不足，教师积极性不高、专业水平低、在大学生职业生涯规划指导中注重就业，忽视创业。国内大多数高校忽视创业精神及其培育工作，在相关教育活动的开展中重能力培养轻精神培育、重知识灌输轻社会实践。我国创业精神培育的规范化、学科化、体系化还很薄弱。

二、当代大学生创业精神培育存在问题的原因

(一)传统观念根深蒂固禁锢创业精神发展

古代中国虽不乏创业精神,但作为一个封建传统国家,我国人民思想至今仍深受儒家传统文化的影响,"学而优则仕"的观念深入人心,寻求稳定的传统意识根深蒂固。与国家社会因素相比,家庭因素在大学生创业精神落实中显然发挥了更重要的作用。在《大学生创业调研报告》中显示,受访者的创业想法30%来源于家庭影响,24.2%源于朋友影响,21%来源于传媒影响。家庭是大学生的第一课堂,对大学生创业精神培育有重要的启蒙作用。众多家长对稳定、安逸环境的强烈偏好,对独生子女的"呵护"式教育,不利于大学生创新精神、艰苦奋斗精神、坚韧不拔意志品质的养成,也对高校开展创新创业教育造成了阻碍。在高等教育阶段,我国传统教育理念和教育体制也束缚了创业教育和创业精神的培育工作的开展。我国经济、政治、教育等方面的体制机制影响着我们对创业教育和创业精神的认识,更决定着我国创业教育和创业精神培育工作的未来。

(二)高等教育资源有限、分配不均

创业精神培育是一个系统化工程,通过开展创新创业教育,培育创业精神需要一个漫长的过程。在创新创业教育过程中涉及经济、管理、心理等众多学科领域,需要综合性的理论知识。开展创业精神培育工作,需要众多学科领域的专家学者共同合作进行科学研究,需要创业教育和创新创业实践活动的积极开展,更需要国家社会的政策、资金、技术支持。目前我国创业精神培育和创业教育中所具备的人力、物力、财力资源有限,难以支撑创业教育的学科化发展和创业精神的宣传和培育工作。虽然我国部分高校重视创新创业研究,积极开展创业教育和创业精神培育工作,锻炼学生创新思维,鼓励学生形成创业意识,以创业精神面对今后的生活和工作。但是优势资源主要集中在重点高校、普通高校、职业院校、民办院校等高等院校在资金、技术、师资等方面资源有限,难以满足开展创业教育和创业精神培育工作的需要。

当前,中国独特的转型经济背景为大学生开创事业创造了无限的可能性,我

国经济结构优化调整、发展方式转变、产业结构升级等因素派生出众多新职业、新行业和新阶层,为大学生多渠道、多元化就业创业创造了条件,为大学生创业精神培育提供了契机。国家重视创新创业精神培育,出台政策法规鼓励大学生创业精神,但是形成对创业精神接纳、支持和积极参与的社会环境需要长期积淀。高等教育实现跨越式发展,造就基础宽阔、具有创业精神和创业能为、能够适应未来社会经济发展的创业创新型人才是高校义不容辞的责任。

第四节　国外大学生创业精神培育的经验及启示

一、国外创业精神培育的实践经验

在美国、英国、加拿大和澳大利亚等西方发达国家创业精神无处不在,它作为一种生活方式和生活状态融入人们的生产生活。为激发和培育学生的创业精神,各国教育系统致力于大学生树立创业意识、提高专业技能。创业教育在欧美等发达国家历史久远,发展至今已颇具规模并取得了令人瞩目的成绩。

(一)美国:以冒险精神为核心的创业精神

美国从小学到研究生都具备正规的创业教育,创业类课程覆盖了从小学到研究生的所有阶段。大学阶段的创业教育采用体验式教育模式和分层次模块化课程结构,它是以教学对象的需求为依据进行课程设置,在基础学习阶段都要参与创业教育的通用模块,针对不同情况和要求,对学生进行分类指导,并制定了相应的评估原则、评估类型和评估方法。这种极具个性化的教育模式,无疑极大地促进了美国创业精神的发展。此外,美国创业基金机构、企业等社会组织以赞助形式支持创业教育师生组织的活动,通过提供经费、开发课程、提供众多的体验式教育的实习机会等形式为创业教育的发展和完善提供了动力。在这样开放的社会环境和教育模式下,很多大学生选择创业,都是出于"专注于所长"的精神,为此不惜冒险辍学创业,这种情况普遍存在。

(二)英国:以政府为主导的创业精神培育工作

英国高校普遍注重创业教育,认为大学有义务担负起培养大学生创业精神和创业能力的责任,根据英国国家大学生创业促进委员会研究与教育部主任 Paul D. Harmon 提供的数据,英国有 96% 的高校开展了大学生创业教育,以英国的诺丁汉特伦特大学为例,该校学术开发和研究常务副校长 Peter Jones 认为"培养大学生的创业精神,这是大学的责任"。学校重视学生的创业教育,设立了商业孵化器并在当地企业家的支持下使 140 个大学生创业项目落地。为了培养学生的创业精神,学校不提倡为学生提供创业资金,旨在引导学生树立创业主体意识,在创业过程中自我摸索。为进一步推动高校创业教育和大学创新创业,英国高校注重和美国、丹麦等国家相关机构开展合作。

(三)日本:以危机为契机的船业精神培育工作

日本摆脱危机成为经济大国很大程度上依靠创新创业能力,其中很重要的一条经验就是注重创业精神培育、普遍开展创业教育。早在 20 世纪末日本国会提出从小学开始实施就业和创业教育,将高等院校视为培育的主阵地。自此,从学校到国家层面,各类创新创业竞赛方兴未艾,教育系统将创业竞赛中的经验进行总结提炼,并将其融入高等学校创业教育。日本将创业教育相关课程设为必修课,课程依据众多公司的能力框架设置,在一定程度上实现产学的良性结合;注重创业过程教育,倡导体验式教学。注重家庭教育在孩子自主意识方面的重要作用,为孩子提供创业精神培育的启蒙教育。此外,日本的创业精神培育体系还有大学普遍设立的创业支援机构、大学风险企业计划为支撑,为日本摆脱经济危机、培育创业精神和创业能力提供了有力的支持。

二、国外大学生创业精神培育的启示

创业教育在西方发达国家由来已久,基于西方的政治经济环境和社会条件,大学生普遍具有创业精神。高校鼓励在校大学生的创业精神,并创造条件营造有利于创业精神培育的校园环境,例如:开设有关课程,配备优良的师资队伍,搭建创业平台。通过全社会的共同努力,他们的创业精神培育工作取得了良好的效果,并积累了宝贵的经验,对我国创业精神培育有很好的启示。

(一)教育系统重视学生创业精神培育工作

创业精神是以改革创新为核心的时代精神的重要组成部分,也是中国精神在大学生群体中的具体体现。提离大学生创业精神,培养更多创业创新型人才,促进科研成果向社会生产力转化,不仅有利于我国素质教育的发展,而且对经济结构调整和经济体制改革的进一步深化有深远的影响。因此,教育系统要更新教育理念,重视学生创业精神培育工作。美国科学院院士、麻省理工学院教授莱斯特瑟罗认为,美国经济发展实力和科研能力在世界立于不败之地,关键在于对创业精神的重视和创新创业人才的培养。高等学校作为创业精神培育的主阵地,要将创业精神和创业能力的培养纳入学生培养目标,制定各教学环节的质量评估标准,使其融入思想教育和专业教育,制订创业创新型人才培养方案。同时加大教育宣传力度,提高全体师生对创业精神培育工作的重视,营造浓厚的创业教育氛围。

(二)高校建立健全创业教育和创业支持服务体系

为了提高青年学生的创业精神,欧美等发达国家已经将创业教育纳入国家教育体系之中,并逐渐形成了完整的教学研究和教育实践体系,在中学到大学形成了正规创业教育体系。

从教育模式看,美国实行"学分制"和体验式的教育模式,根据学生的情况将课程分类设置,对学生进行分类指导。此外,美国的社会组织和企业为大学生创业提供资金、课程及体验式教育实习机会等赞助,为创业教育的发展创造了条件。新加坡将其视为专业教育,在应届毕业生和有志创业的在校生中招收学生,实行文凭式教育。印度则围绕解决就业问题,开展素质教育,提高大学生的综合素质和就业创业能力。

在课程设置方面,欧美国家重视对创业学的研究,众多大学培养创业学的博士、设置首席教授。在教育内容方面,他们十分注重学生创造力的塑造,充分调动他们的积极性、主动性,训练学生的想象能力和标新立异的思维方式,激发学生潜在的创造力。日本凭借高新技术产业成为经济大国的一个重要原因就是注重青年学生创业精神的培养、普遍开展创造为开发教育。为了提高创业教育质量,欧美各国都十分注重创业教育教师的选拔与培养,创业学教师大多曾经有过创业或多年从事企业管理工作,有着丰富的创业实践经验。

(三)全民参与的创业行动

高校创业精神培育是一个受多个内外因素影响的有机统一整体,不仅涉及高校内部教育管理活动还涉及政府、社会、家庭、学生等多个因子。国家在全国范围内鼓励创业,出台优惠政策,提供专项资金,建立完善的创业保障体系。例如成立专门的管理机构管理大学生创业教育和创业精神培育工作,促进工商业、学校、社会组织和学生之间的联系,提高学校内部的创业文化建设。由高校、公司、非营利机构、政府机关合作开展的"卡迪拉克计划"在美国700多所院校展开,约有25万大学生参加,让在校大学生定期到他们的机构中参加工作实践,使学生在课堂上所学到的理论知识在实践中得到应用和检验。政府倡导创业精神,通过制度建设创造条件,家庭、企业及其他社会组织营造宽松的社会环境。社会环境对创业失败的宽容态度鼓励大学生创业并愿意尝试创业的挫折和失败,用实际行动提升创业精神。

第五节　当代大学生创业精神培育的优化策略

培育大学生创业精神不是要求人人都去创办企业,而是教育引导大学生树立创业意识,以敢于冒险、善于实践、追求卓越的精神面貌和坚韧不拔的意志品质面对生活和工作。我国的创业精神培育工作认识迟、起步晚、发展慢,与世界发达水平有很大差距,高等学校作为人才培养的主阵地,承担了我国创业精神培育的重要任务。高等教育通过开展创新创业教育、完善创业支持服务体系等方式培育大学生创业精神。培育创业精神既是创新创业教育的重要组成部分,也是推动创新创业教育发展的智力支撑和精神保障,两者相互促进。优化大学生创业精神培育路径,要明确培育目标、内容与方法,建立健全教育支持服务体系,逐渐形成全民参与创业精神培育体系。

一、国家层面:完善支持服务体系弘扬创业精神

创业精神培育工作是一个系统工程,在我国现有政治经济体制下,要实现"大众创业、万众创新"的目标,需要全社会的积极参与和大力支持。国家大力弘扬创业精神,全面深化政治经济体制改革,是创业精神培育的基础;国家重视创业精神和创业教育,是创业精神培育工作发展的前提条件。在此基础上国家建立健全创业精神培育支持服务体系,对高等教育开展相关教育实践活动清障搭台,是大学生创业精神培育工作顺利开展的关键环节。因此,我国要从国家战略高度上予以

重视,大力宣扬创业精神,通过政府完善支持服务体系,为大学生创业精神培育工作提供优质的服务。

(一)完善政策服务体系

国家重视创业精神首先要"身体力行",必须在完善和发展中国特色社会主义制度,推进国家治理体系和治理能力现代化的过程中坚持和发扬创业精神;在弘扬和培育社会主义核心价值观的过程中秉承创业精神,在社会主义精神文明建设中更加注重创业精神培育。以敢为人先的创新精神、艰苦奋斗的实干精神、知难而进的坚定信念面对国家全面深化改革中的困难和问题,并在实践中发现问题,解决问题,积累经验。

国家推进创业精神培育工作要从问题出发。目前,国家鼓励创业精神培育相关政策措施,除教育外的其他领域涉及较少,在银行信贷、工商税务等领域缺少扶持创新创业活动开展的优惠政策,各级政府机关虽然也根据国家政策制定了相应规定,但是相关政策需进一步精细化,跟踪落实需进一步强化。国家重视创业精神和创新创业能力的培养,需要加强调查研究,针对大学生创新创业中遇到的困难与阻力、暴露出的问题,在政策制定中明确鼓励措施、完善规章制度、强化跟踪反馈,为大学生创新创业活动提供更多优惠政策;在政策执行中,要进一步加大简政放权的力度,加强事中事后监管,为大学生创业营造宽松、公平、公正的市场环境。

国家党政机关相关部门重视创新创业实践活动的开展,致力于在实践中培育和践行创业精神,充分发挥好共青团中央在大学生创业精神培育中的主导地位和中宣部的宣传导向作用,组织好科学技术部、教育部、人力资源和社会保障部、文化部等国家机关的团结协作。地方各级政府机关根据国家政策精神,结合区域经济的发展与地方产业结构的调整,制定相应的创业精神培育细则,建立相关事务的兼职或专职管理部门,组织社会力量参与创新创业活动,出台鼓励政策激励大学生创新创业,通过教育机构、实践基地等社会组织加强社会层面创业教育与培训。

(二)建构社会信用体系

社会信用体系是社会主义市场经济体制和社会治理体制的重要组成部分,是完善社会主义市场经济体制、加强和创新社会治理的重要手段,对促进社会发展和文明进步有重要意义。当前我国社会信用体系建设与社会经济发展水平矛盾突出，为大学生开展创新创业活动制造了很多"后顾之忧"，抑制了大学生创业精神的发挥与培养。国家注重大学生创业精神培育工作必须建立和完善社会信用体系，保障社会主义市场经济健康运行，为创新创业活动开展创造良好的市场环境。首先，国家要在制度层面起草建立个人和企业信用档案的相关政策法规。2014 年 7 月公布的《国务院关于印发社会信用体系建设规划纲要（2014—2020年）的通知》，为我国信用体系建设提供了纲领性文件。其次，国家要建立健全社会信用等级评定制度，建设社会信用网站，建立个体及企业的信用记录数据库。对企业、银行等市场主体从资金信用、经营管理、投诉情况等方面进行评定，个人信用则从消费、贷款记录等方面予以评定。通过政府和社会组织掌握征信数据，建立和完善信用数据库，在网站上曝光"失信黑名单"。最后，制定社会信用管理的法律法规，规范信用征信、整理、披露等工作程序，制定相应的奖惩措施，严厉打击假冒伪劣、侵犯知识产权、窃取商业机密等违法行为；给予信用记录良好的个体在创新创业实践中更多的资金、技术支持和服务，鼓励社会主体树立诚实守信的思想观念。

（三）完善社会组织体系

大学生创新创业活动顺利开展、实现从创新方案到社会生产力的转化需要社会力量的支撑，这就要求我们完善社会组织建设，为创业精神培育提供全方位的服务。一是成立有效的服务平台，大力发展创新创业培训实践基地等社会组织和网络平台，加大政府财政对相关机构的资助和财政补贴，完善社会组织的管理，优化互联网政务服务环境。通过服务平台为大学生提供信息、技术等专业咨询服务和跟踪式扶持，反映大学生创新创业诉求，进一步推进组织建设的发展。二是加强枢纽型组织的建设，充分发挥其在高校创新创业教育、企业资金技术支持、社会基金服务中的桥梁纽带作用，汇聚社会力量、优化组织结构，提高大学科技园、孵化器等创业服务平台的专业能力和社会公信力，提高社会资源利用率和经济效益。三是政府设立专门的创业基金，鼓励和支持大学生创新创业活动。

此外，在构建创业精神培育体系中要坚持贯彻落实十八届四中全会精神，进一步完善创新创业相关法律规定，严格依法规范体系内部管理，对扰乱市场经济秩序的行为加大查处和打击力度。为创业精神培育工作创造良好的法治环境，提供完善的法律服务，将法治精神贯穿于创业精神培育工作的始终。

二、社会层面:营造大众创业的社会舆论环境

大学生创业精神的培育与弘扬需要良好的社会环境,当前发展中的社会主义市场经济环境、受传统观念影响的社会舆论环境和家庭环境,在某种程度上抑制了大学生的创业精神的发展。我国要培育大学生创业精神,就要营造争相创新的社会环境。

(一)开放的经济环境

经济环境指的是国家或地区的整体经济状况,包括经济发展水平、社会经济结构、经济体制、宏观经济政策、劳动力情况等。我国实行社会主义市场经济体制,在国家宏观调下使市场在资源配置中发挥基础性作用,创业创新活动在这样的经济条件下发展取得了显著的成绩。但是行业垄断、地方保护、非法牟利等现象的出现抑制了创业精神和创新创业活动的发展。十八届三中全会报告提出,经济体制改革是全面深化改革的重点,致力于协调好国家对经济的宏观调控和市场自主发挥竞争机制的关系问题,完善市场经济体系,改善政府干涉越位、监管缺位的现象,为市场优化资源配置创造条件。这些改革方向就是培育创业精神所需要的相对开放、自由竞争的经济环境,有利于打破行业垄断、实现公平竞争,鼓励大学生积极整合校内外资源开展创新创业活动,发扬并传承创业精神。创业精神指引人们以敢为人先的创新精神、艰苦奋斗的实干精神和坚韧不拔的意志品质,推进全面深化改革的进一步发展。除此之外,国家要更加突出社会保障体制、金融体制和企业所得税的改革,为创新创业主体解除后顾之忧,提供鼓励政策。

(二)兼容并包的思想舆论环境

我国早在先秦时期就有鼓励创业的优良传统,自强不息、积极进取、艰苦奋斗的创业精神源远流长,但是传统文化中的"中庸"思想却抑制了敢于冒险的创新精神。建国初期我国高度集中的政治经济体制对人们思维方式、行为习惯的影响根深蒂固,就业过程中进入体制拥有"铁饭碗"的思想至今在广大人民群众中普遍存在。中国传统文化中这些"不利因素"抑制了创业精神的发扬。这就要求我们加强创业精神的宣传工作,大力弘扬中国传统文化中自强不息、艰苦奋斗、积极进取的创业精神,同时吸收国外敢于冒险、勇于打破常规的创业精神,逐渐建构中国特

色社会主义创业精神。通过网络、报纸、电视等传播媒介在全社会倡导创业精神，保护创新创业热情，鼓励创新创业实践。努力营造宽容失败的社会氛围和鼓励创新创业的思想舆论环境，使民众的创造能量充分释放、创新成果不断涌现、创业活动蓬勃发展，创新创业实践得到全社会的广泛认同和接受。

（三）创业型家庭环境

家庭环境在大学生成长成才过程中发挥着启蒙教育的作用，家长的思维方式、言行举止、教育方式对孩子人格特征的形成至关重要，为大学生开展创新创业活动奠定了基础：一方面家庭环境塑造了孩子对创新创业的基本理念和人格特征，这是创新创业活动顺利开展的关键因素；另一方面，大学生创业精神落实程度取决于家庭的精神支持程度。因此，我们要着力营造创业型家庭环境。在教育理念上，克服过强的回报心理，尊重孩子自主选择的权利，重视孩子的德育教育与全面发展。教育过程中坚持科学的教育方法：调整心态，形成客观的期望值；学会倾听，建立平等的亲子关系；以身作则，帮助孩子塑造健康人格；学会欣赏与宽容，鼓励孩子的创新精神。鼓励家长更新教育理念，践行科学的教育方法，别让家长因为"害怕伤害"禁锢了孩子的思想、捆绑了孩子的手脚。努力营造相互理解、充分沟通、民主和谐的家庭氛围，鼓励孩子独立思考、敢于创新、勤于实践、坚持学习，锻炼孩子知难而进、坚韧不拔的意志品质，以创业精神面对生活。

三、学校层面：建立健全大学生创业精神培育体系

要全面提升大学生创业精神和创业能力，实现大学生以创业精神面对新问题、以创业能力打开新局面的目的，必须对创业精神培育工作进行规范化、系统化管理，对高校体制机制进行调整和改革。高校教育体制创新是其他一切革新的重要保障，体制改革和建设具有根本性、稳定性和长期性。大力推进高校教育体制机制革新，不断适应社会主义市场谨记发展需求和全面建设中国特色社会主义的要求，进一步解放和发展创业理念来创业实践，使创业精神进一步适应时代发展要求。高等院校要通过完善教学科研体系、组织体系、支持服务体系，努力营造宽松的创业环境，致力于构建集教学、科研、辅导、实训、孵化为一体的创新创业体系。

（一）明确大学生创业精神培育目标和内容

大学生创业精神培育是指高校通过教育、培养、锻炼，帮助大学生树立正道，

积极引导学生有针对性地参加培养锻炼活动,着力培养学生敢为人先、善于思考的创新精神,勤于实践、艰苦奋斗的实干精神,追求卓越、永不止步的学习精神和坚韧不拔、知难而进的坚定信念。通过优化知识结构、提高实践能力,培养面向未来的研究型、创新型、管理型、国际型高水平创业人才。

根据大学生创业精神培育的目标,主要从以下几方面对大学生进行教育和引导。

≫ 1. 树立正确的就业创业观念

将创业精神培育纳入高等学校教育目标体系,通过开展创业精神和创业教育的宣传活动,使全校师生转变观念,对创业精神培育工作有全面客观的认识:创业不仅是创办企业,开展创业教育也并不是要求每位学生都去自主创业,在自己的工作岗位上创造新价值就是创业;创业精神培育工作是帮助学生树立创业理念,具有企业家思维的过程。高校教育工作者要充分认识创业精神培育工作的重要性和必要性,树立正确的人才观和教学观,改变传统以成绩论优劣的人才评价观念和教学考核标准,对大学生进行价值塑造、能力培养和知识传授。引导学生树立正确的学习观和就业观,在学习过程中不仅要扎实掌握书本知识,还要向社会实践学习,不断学以致用、积累社会经验,使学生学会学习,为终身学习奠定基础;在生涯规划中树立正确的就业观,确立就业形式多样化的观念,既不能等待、依靠社会、学校、家长的给予,也不能违背个人实际随遇而安。要有创业意识,敢于挑战,敢于实事求是地确立奋斗目标,并为之付出努力。将自己的职业兴趣和职业发展结合起来,形成"创业是最高水平的就业"的观念,通过艰苦奋斗、勤于实践的努力实现自己的职业理想。

≫ 2. 培育健全人格

人格包括稳定的人格心理特征和人格倾向,是每个人区别于他人的差异性部分,人格特征决定着一个人是否心理健康和有所成就,决定着一个人的价值观念。培养大学生健全人格是学生全面发展的需要和时代发展的要求,是大学生开展创新创业活动的前提条件,因而成为大学生创业精神培育的重要内容。大学生健全人格主要表现为自我悦纳,接纳他人,即大学生心理和谐发展;人际关系和谐,指在人际关系中实现自尊与他尊、理解与信任、同情与人道等品质;独立自尊;能够发挥自己的潜能,即能够使自身的思维优势和专业技能最大程度的发挥作用。培育大学生创业精神尤其要在大学生人格培育过程中突出创造型人格的培养,创造型人格是开展创新创业活动的重要因素,是指具有创造性智慧和创造精神的人格类型,从本质上看就是培养大学生的创新思维和创新能力。

3. 优化创业知识结构

知识的积累是开展创新创业活动的前提条件。通过创新创业活动培育大学生创业精神,要求大学生具备创业型知识结构,并不断优化重组,与时俱进。首先,大学生创业者要用中国特色社会主义理论武装头脑,坚持辩证唯物主义的思维方式分析问题、解决问题,这就要求进一步落实高校思想理论课的教学效果。其次,开展创新创业活动不仅需要扎实的专业知识还需要经济、管理、法律等综合性的知识体系,并且随着实践的发展不断实现知识内容的与时俱进和结构的优化组合,这就要求大学生具备较强的适应能力和学习能力。

4. 增强创业能力

大学生创业精神培育的目的在于理论指导实践,引导学生以创业精神开创事业,这就要求学生具备基本的创业能力践行创业精神。大学生应具备以下几方面的能力:学习能力是对知识和信息的接收、转化和应用能为。大学生经历20余年的知识学习,不仅要积累知识更要养成良好的学习习惯,树立终身学习的观念,学会学习。社会交往能力是交往过程中运用的交往技巧,包括沟通能力、社会活动能力、亲和力、协调能力等内容。创新能力是创业活动中最重要的能力,指大学生在创业过程中创造性地提出问题、分析问题、解决问题,主要表现为具有创新意识、创新思维和创新技能。创新是一个打破旧事物创造新事物的过程,一直处于探索状态,遇到困难在所难免,需要学生具有较强的心理受挫能力和较高的情商。

(二)坚持大学生创业精神培育的基本原则

高等学校在创业精神培育过程中应坚持以下基本原则。

1. 普及化原则

创业精神作为时代精神的重要组成部分,对中国特色社会主义文化建设尤其文化创新有重要作用,在高等教育阶段开展创业精神培育工作是建设创新型大学、实现高等教育可持续发展的内在要求,也有助于大学生群体的全面发展和个人价值的实现。开展创业精神培育工作不是要求人人去创办新企业,而是引导大学生创业精神去面对生活和学习。因此,培育创业精神应该作为一种理念贯穿于高等教育始终,被纳入正规教育体系,在全体学生中普及创业精神相关理论,在通识教育中融入创业、管理相关课程,在全校范围内开展创新创业活动激发大学生创业精神,让创业精神在大学校园遍地开花。

▶▶ 2.专业化原则

在大学生创业精神培育过程中坚持专业化原则主要表现在三个方面,一是科学研究和学科发展的专业化,加强具有中国特色的创业学研究,逐渐建构本领域的理论体系,为学科专业化发展奠定坚实的理论基础。二是在创新创业活动中,坚持组织建设的专业化,针对理论研发、教育方案实施与反馈、教育支持服务体系设立专门的组织机构,进行专业化管理。三是教师专业水平和业务素质的专业化,要培养和选拔既有理论高度又有社会深度的"双料"教师,对大学生理论学习、创新创业活动的开展进行指导,提供咨询服务。

▶▶ 3.主体性原则

主体性原则即在创业精神培育过程中明确大学生的主体地位,具体表现:一是强化学生的主体意识,主体意识是学生在学习过程中积极探索的内在动机和根本力量,无论是在理论学习还是创新创业实践中,教师为学生创造独立学习的环境,最大限度地激发其内在动力。二是尊重学生的主体意识和个性化特征,在教育过程中每个学生都是独特的个体,存在差异化的个性特征,尊重和重视学生的个性化,并针对社会需求多元化的现状推进个性化教育。通过职业性向测评和全面客观的综合分析对学生进行定位,通过职业咨询为学生提供精细化、个性化的职业发展指导与支持。

▶▶ 4.理论与实践相结合原则

理论与实践是辩证统一的,缺乏理论指导的实践是盲目的,缺乏实践的纯理论是空洞的,在创业精神培育过程中理论与实践的结合尤为重要。创业精神培育需要理论知识作为基础,更需要实践活动才能激发和强化。这就要求大学生掌握扎实的创业基础理论知识,并积极投身于创新创业实践中去,在创新创业活动中学以致用,检验并进一步发展创业学知识,积累经验教训,在不断探索中打开新的局面,丰富和发展原有知识体系。在创新创业过程中,大学生只有理论联系实际,才能将所学内化为自身的素质和能力。

(三)完善教学科研体系增强创业精神

调整和改革课程设置,优化大学生知识结构,将创业精神培育课程纳入正规课题体系。目前高校开展创业精神培育工作通常以非教学活动为落脚点,虽然使学生的创业精神在实践活动和创业平台中有所提升,但是未被纳入正规体系的创业精神无法得到师生的重视。在教学方案中明确创业精神培育目标,通过系统教学使学生对创业精神有系统了解,自觉增强自身知识和技能,在学习、生活和工作积极发扬和传承创业精神。一方面设置创业精神相关的通识课程,普及创业精神理念,优化知识结构,引导学生树立创业精神,进行职业生涯规划;另一方面开设相对专业化的创业培育课程,对有创业兴趣和创业意向的学生重点教育,通过理论知识的学习、案例分析、创业计划与孵化等系统学习与实践,不断培养创业兴趣、增强创业能力。在专业教育中,一方面在教育内容中融入创新、实干等创业精神理念;另一方面增加课程实践环节比重,引导学生学以致用,在实践中体验树立创业意识的紧迫性、检验自身创业能力、体味失败的苦涩和成功的喜悦。此外,要注重专业课程与创业教育相关课程的统一性。调整和改革课程设置并非要打破原有的课程体系,重点是在现有课程体系中融入创业精神培育内容。

科研方面应加强创业学研究。学者们对创业精神研究更多借鉴国外先进的理论成果,迫切需要从中国的政治经济情况出发,探索出一套适合中国政治、经济和文化环境的战略导向理论体系,有了坚实的理论基础才能加强创业学学科建设。在研究方法上,学者们应注重改进和完善研究方法,不断提高研究方法的科学性、严谨性和规范性。当前高校研究体系中,自然科学注重实验研究,用数字显示研究的重要性和可行性;而在社会科学中,更加注重理论的先进性和学术性的研究,对社会问题研究方法的研究和使用较局限。创业教育和创业精神培育研究涉及经济学、管理学、社会学、教育学、心理学等众多学科,在研究过程中采用科学的研究方法和严谨的研究态度,积极学习和借鉴国外成熟的理论和实践方法,结合快速变化的中国情境,逐步建立起具有中国特色的创业精神研究框架体系。

第七章　高校创业教育模式的构建

第一节　教育理念的更新和教育目标的调整

一、创业教育理念的形成

创业教育需要创新教育理念,向理念要发展,要在以下六个方面形成新的理念认识。

(一)全面发展是创业教育的方向要求

全面发展是马克思主义人的全面发展理论的主旨思想,理应成为创业教育的指导方针。大学生是一个完整的生命主体,是一个有多方面需求的存在个体.针对这一情况,创业教育要吸收专业教育和素质教育内容,确保大学生身体素质和心理素质的全面发展,确保大学生物质生活和精神生活的全面发展,确保世界观、人生观、价值观的全面发展。结合创业教育实际,在确保能够积极应对职业需求、劳动变换、人员流动和工作受挫的前提下,重点培养大学生的创新能力和实践能力、创业意识和创业本领,完善创业知识结构,着力开发大学生的智商和情商。

(二)主体性发展是创业教育的本质要求

主体性发展是指人在与客体相互作用中应具有的能动性发展,这种能动性发展主要表现在两个方面:一是人对自然、社会的认识、利用和改造方面,表现为人的主动性、自主性、选择性和创造性发展;二是人在自然和社会责任方面,表现为人的道德性、理智性和自觉性发展。在物质生活和精神生活都有着极大改善的今天,大学生对自身主体性产生了极为迫切的意愿诉求,创业教育就是把大学生培养成为社会实践能动的主体,尊重大学生的人格、主体地位和参与原则,最大限度地焕发学生的道德性、主动性、自觉性和创造性,培养大学生对知识、问题主动思考的质疑态度和批判精神,并运用所学的知识,解决实际问题,了解和掌握创业规律和特点,有效提升创业主体所具备的综合素质。

(三)创新性发展是创业教育的特征要求

创新性发展是创业教育的时代命题、前进课题和现实问题,也是检验一个高校创业教育工作实现又好又快发展的考题。创新性发展源于创业教育多样的教育体系、教育机制和教育平台,主要体现在:第一,结合新经济增长的智力支撑特点,体现时代要求,体现中华民族伟大复兴对未来人才的要求,建立起教育紧紧沟通社会与经济的教学纽带,建立起人才从单一型向复合型、从职业型向社会型、从传承型向创新型、从从业型向创业型转换的培养渠道,丰富创新性发展体系;第二,结合学分制、休学制、转学制等弹性学制与创业教育配套的教育政策,解决好创业课程与创业实践、孵化基地与经济实体的联系,建立有利于创新创业人才脱颖而出的教育制度,开辟创新性发展机制;第三,结合学校产学研过程,利用社会课堂、视频教学、远程教育等诸多手段,扶植一批品牌创业项目,形成科技创新吸引力,以扶持意识和竞争意识形成创新原动力,搭建创新性发展平台。

(四)个性化发展是创业教育的内在要求

个性化发展不是德、智、体、美、劳等方面均衡地发展,而是某一方面或几方面的突出发展,个性化发展就是对人的才能及精神的拓展和解放,是对人的天赋、爱好、秉性及风格的拓展和解放。创业教育可以采取以下途径实现大学生的个性化发展:一是教学内容充分体现前瞻性、开放性、实践性和实用性,涵盖策略、技巧、模式、方法和手段,教学形式要为大学生所欢迎,为大学生所接受;二是课程设计紧紧结合社会需求和经济建设,凡是社会需求和经济建设中急需的新知识、新技术、新工艺和新方法,都应当有效融入创业教育课程体系之中;三是创业课堂可以在教室,可以在孵化基地,可以在企业,可以在人才、劳务市场,授课教师要注重学生接受教育的过程和结果,不要拘泥于教学计划和形式;四是创业教育师生身份可以相互模拟转换,师生关系有时是师徒关系,有时是业主与雇工的关系,有时是法人代表与员工的关系,有时是债权人与债务人的关系。这些方法的采用和落实,能够极大地促进大学生个性化行为的生成。

(五)价值性发展是创业教育的目标要求

价值性发展的核心是社会价值发展和物质价值发展。就社会价值发展而言,创业教育应充分利用现代文明进步所赋予的一切教育手段,整合社会力量和资源,抢占马克思主义信仰教育和社会主义核心价值观教育的制高点,突出理论武装的重要地位,着力扩展创业教育的社会观、价值观和发展观,培育大学生全新的生存理念;就物质价值发展而言,基础是学习,核心是信仰,关键是实践,舍弃小我,融入大我,教育和引导大学生把个人的命运同国家的命运紧密联系在一起,到祖国需要的地方去创业,到工农群众中去寻求发展,在火热的社会实践中,积极成为创新型国家的建设者,物质财富的创造者,自我价值的实现者。

(六)和谐性发展是创业教育的理性要求

创业教育是创造事业的教育,成功事业的标志包括理想道德的积极向上、精神生活的健康愉悦和自然社会的和谐统一。围绕创业教育的理性要求,和谐性发展要从以下三方面去展开:一是理想道德的和谐发展。这一和谐发展要求大学生自觉把自己的理想,落脚在为社会主义服务及为人民服务上,自觉把自身道德落脚在社会主流价值观及社会主义核心价值观上;二是精神生活的和谐发展。这一和谐发展要求大学生在德与智、知识与能力、素质与职能和心理与生理的和谐发展,精神生活的和谐性发展促成了社会发展的基础和条件,也促成了大学生追求更高生活质量的基础和条件;三是自然社会的和谐发展。这一和谐发展构成社会进步的重要力量,要求大学生接触自然,认识自然,了解社会,理解社会,实现从心理到思想直至行动上的真正融入。

二、调整教育目标,注重对学生实践能力及创新能力的培养

我国传统的应试教育存在脱离社会、脱离实际的状况,如部分高校有些专业设置滞后,培养出来的学生不适应社会发展对人才的需求.并且存在着专业设置过窄、人文教育薄弱(尤其是理工科院校)、教学内容陈旧、教学方法手段落后、教学模式单一等弊端,这样的教育体系对人的发展表现了极大的约束性及对文化多元发展的窒息性,培养出来的人才保守,缺乏创新精神和创业能力,难以适应复杂多变的社会生活和难以预测的外部环境。

因此,高校要转变教育的观念,确立以创业素质教育为核心的教育观。学校教育不等于职前岗位培训,它给学生提供的是一个走向社会的起点,而不是终点,要改变专业对口的静态就业观,确立就业就是不断创业的动态过程的人才观,不

但自己就业,还能为社会创造更多的就业岗位。对大学生进行创业教育,培养具有创新精神和创造、创业能力的高素质人才是当前高等学校的重要任务。高等学校应根据"抓住基本的,提倡多元化"("基本"即指导思想一元化、基本的行为规范、基本的学习成绩)的原则改革传统的人才培养模式,转变单一人才观为复合通用人才观,现代社会所青睐的人才不再是专业定向、意识定态、思维定式、技能定型的人,而是拥有多种证书,具备宽泛专业基础,适应多变竞争趋势,敢于独立创新等素质潜能的人。

传统的教育培养出的学生普遍存在着理论水平高,动手能力低,创新意识淡薄等问题,这极不符合现代社会快速发展的特点。现代的教育要适应现代社会的发展,就必须改变原有的旧模式,形成全新的教育理念。这关键就是要实现以下转变:由精英教育向大众教育转变;由培养专才向培养通才转变;由"知识+智力"模块向"智能+创新"模块转变;由封闭教育向开放教育转变;由应试教育向素质教育转变等。

高校教育应该是一种理念教育、素质教育,它不仅仅是传授专业知识和专业技能,更应该是一种生存和创造理念的传播,是一种生存素质和创业素质的培养。过去我们高等教育的培养目标,比较重视知识的掌握和技能的训练,强调人才对现实社会的被动适应,较少考虑如何充分发挥学生的主观能动性和创造潜能。在劳动力供不应求的社会条件下,对维护社会的稳定,促进社会的发展是有益的。但是,一旦劳动力供过于求,它的优越性就难以体现。在目前就业形势日趋严峻的情况下,高等教育要深化人才培养模式改革,着力提高学生的创新创业能力。

高校的各级领导要把大学生创业教育作为高等教育改革、提升办学质量的重要载体来抓,纳入到年度和中长期的发展规划中去,进一步明确大学生创业教育的使命和地位。要进一步统一思想,在高校形成人人重视创业教育,人人贯彻、执行创新教育理念的良好氛围,凝聚起高校推广创新教育的合力。

质量工程的实施,要求转变教育思想观念,创新人才培养模式,为国家和社会培养高素质的创新型人才。高校通过开展教育思想观念的研讨,从而树立正确的质量观,开始重视、支持开展创业教育,认识到创业教育对学校事业建设发展的重要性和必要性,真正把创业教育提到学校事业发展的议事日程上来,更新不利于创业教育开展的"怕、等、瞧"等思想观念,由培养就业型人才向培养创业型人才转变,扎扎实实地把创业教育开展好,培养创新型人才。

第二节　创业教育组织的完善

一、成立学校创业教育领导小组

学校有了明确的创业教育思想后,要建立健全大学生创业教育的保障机制,进一步加强对大学生创业教育的组织领导,要建立有力的创业教育领导组织,确保创业教育落到实处。学校成立由学校党政领导、督学、有关职能部门及各教学单位负责人组成的全校创业教育领导小组,负责领导、协调全校创业教育工作,对推进创业教育中牵涉全局的规划、政策、表彰等重大事宜负有决策权力,负责对全校创业教育工作和下级创业教育组织或团体进行宏观管理和监控,为大学生创业教育建立起强有力的组织保障。创业教育领导班子应结合学校自身的定位和未来发展的战略取向.优化创业教育的政策环境,将学校人才培养目标定位为"创新＋创业"。通过狠抓培训、服务和激励三个环节.强化大学生创业意识,修炼大学生创业内功;搭建大学生创业平台,支持大学生创业活动;培育大学生创业典型,丰富大学生创业文化。

二、成立创业与创业教育研究中心

成立创业与创业教育研究中心,建立一支稳定的创业教学科研教师队伍。一个创业教育中心可以由专职教师与兼职教师组成,根据教学需要确定教师的数量。比如:百森商学院有 8 名全职创业教师,还有 4 名助理教师和 5 名全职职员。贝勒大学有 4 名全职创业教师,还有 2 名助理教师和 5 名全职职员,2 名创业研究员。创业与创业教育研究中心是主要从事开设创业教学课程、制订教学计划、进行创业与创业教育的学术研究机构,负责组织人员进行创业与创业教育的学术研究,负责组织申报各类创业与创业教育研究课题,定期组织召开创业与创业教育学术研究会议,举办创业学专业期刊,并积极组织创业与创业教育论坛,为创业和创业教育的理论研究和交流提供园地。

三、成立大学生创业指导服务中心

建立大学生创业指导服务中心。高校大学生创业指导服务中心是学校促进校企文化结合,扶持大学生创业的机构,负责宣传大学生创业政策和信息,普及创业教育,开展创业指导和专题讲座,推广成功创业者的经验,负责创业社团的管理工作。

创业指导服务中心是推动创业教育发展的一个重要运作机构。首先,对学生进行创业指导。开展以实际案例为主的创业知识教学,或对具体咨询进行个别指导,从而帮助学生解决创业过程中遇到的诸如融资、财务管理、知识产权的评估、资本运作、收购兼并、团队协作能力、提高逆商指数等方面的问题。并设立创业网站.扩大受益面。其次,对学生进行创业能力训练。利用校办企业或创业基地开展训练,通过创业计划、公司创建、商业机会、创业资源、企业战略等实训主题,进行以自身体验为主的活动组织,或者以模拟仿真为主的实战训练。最后,将学生直接导入创业的环境。为学生提供与成功企业家、政府官员、风险投资人、知识产权律师直接对话的机会,为学生牵线搭桥,依托企业实施创业。大学的创业指导服务中心还负责与社会建立广泛的外部联系网络,包括各种孵化器和科技园、风险投资机构、创业培训机构、创业资质评定机构、小企业开发中心、创业者校友联合会、创业者协会等,形成一个高校、社区、企业良性互动式发展的创业教育生态系统。

第三节　高校创业人才培养模式的改革

一、建立适合创业教育目标的创业教育课程体系

(一)修订教学计划,开设创业教育的相关课程

按现代课程理论,课程划分为学科课程、活动课程和环境课程三个层次,创业教育课程也应该包含这三个层次,一般可从专业课程、活动课程和环境课程三种基本形态出发,开设创业技术选修课、模拟创业过程的活动课、展示创业业绩的环境课.形成创业理论课、文化基础课、专业理论课、技能实践课等多位一体的创业课程新格局。

加强创业教育课程建设,首先要注重对创业经营管理知识、法规的传授,培养学生的方法能力。设立创业教育选修课,列入教学计划,增设与创业教育密切相

关的核心课程为全校性选修课,如:创业与风险投资管理、中小企业管理、战略管理、市场营销等课程。

　　加强创业教育教学计划内的实践活动,创业教育的课程设计要更注重实践课的比重,应该占到70%以上,目的就是使学生成为真正的实践主体、创造主体;学生创业能力、创业意识的养成和提高,关键要亲自到创业实践中去体会,完成从一个学生到创业人的角色转变。

(二)根据创业教育的目标和内容来确定创业教育课程内容

　　根据创业教育的目标和内容来确定课程内容,课程内容采用模块化结构,主要由基本理论、案例分析和模拟练习等模块组成。同时也要注意创业课程与专业课程融合。另外,在创业教育课程内容设置方面,要突出针对性,紧密围绕培养学生的创业精神、创业知识、创新能力、创业技能来开设课程。创业课程框架应以创新、风险、管理这三大基本主题为核心,课程设置的目的是解决与三大基本主题相关的问题,创新能力教育、风险应对能力教育、管理能力教育是创业课程框架必不可少的三个核心模块,通过传授框架之内的课程知识来培养学生必需的创业综合能力。

　　还要启动新教材和案例库建设,解决目前创业教育教材、案例严重缺乏的问题,为创业教育教学提供教材和案例保障。

　　创业教育的课程内容基本应围绕培养学生以下素质和能力确定。

▶▶ **1. 培养创业意识,激发创业动机**

　　创业意识是指在创业实践中对人的个体启动力和核心作用的意识倾向,它支配着创业者对创业活动的态度和行为,规定着行为的方向和强度。创业意识的形成是长期的、渐进的过程,既需要显性课程的学科支持,也需要隐性课程潜移默化的影响。要把学生头脑中朦胧的潜在创业意向,转化为一种创业冲动、创业激情,然后内化为创业动机、创业精神。因此,首先要对学生进行创业目的性教育,旨在让学生认识到创业的目的及社会意义,从而形成远景的创业动机。其次,要培养学生的创业兴趣。创业兴趣是指学生力求认识创业活动并参与创业实践的积极情绪倾向。大学生精力充沛、朝气蓬勃、理想远大、知识丰富、敢想敢干、敢做敢为,对未来充满憧憬与向往,对创业充满好奇与希望。以此为基础,让学生面临实际任务,投入力所能及的活动,尝试创业实践,用所学的知识解决实际问题,从中体验自我价值,以增强自信心、提高成熟度。最后,适当开展创业计划竞赛活动。竞赛活动可以激发参与者的创业激情,调动参与者的积极性,使人全身心地投入。创业计划竞赛活动的内容是广泛的,从产品设计到广告设计,从市场调查到市场营销,从虚拟公司的创办到"管理者""企业家"角色的模拟等,让参与者"如临其境""置身其中",产生互动,体验创业过程,令旁观者深受感染,产生跃跃欲试的冲动与激情。值得注意的是,创业计划竞赛活动一定要有实际意义,切忌流于形式。

▶▶ 2.培养开创型个性,使学生的个性充分、自由地发展

曾有人做过这样一个试验,让中美两国的学生写出自己所熟悉的自己国家的城市名,然后让他们独自到达其中的一些城市。结果发现,中国学生写出的城市的个数远远多于美国学生所写的城市数量,而在行动时,美国的学生远远胜于中国的学生。最近,美国密歇根州立大学的导师得出结论,如果要攻坚特别难的题目,千万别找中国的博士生,而是找美国的博士生;如果工作量大,需要踏踏实实做的,要找中国的博士生。这两个事例,说明了中美两国在人才培养上的差异,反映了教育模式的迥异。美国教育崇尚个性,弘扬自主,倡导"求异",形成了学生的创新精神和创新、创造能力,中国教育崇尚共性,提倡"协调一致",强调应试训练,力主"求同",形成了学生较强的依赖性和顺从性。但是,无论是美国人还是中国人从事实践活动的规律都是一样的,都是在认识世界的基础上改造世界。也许中国人的认识在某些方面并不落后于美国人,但实践水平总的来说却远远落后于美国人。这就是个性品质的差异所致。人从事什么样的活动,达到什么样的目的,在很大程度上受制于人的个性品质,如"敢为性""独立性""坚韧性"等。马克思主义认为人类改造世界的关键是主动性的发挥,这是实践活动的基础。人是按照自己的意志和目的来认识世界、改造世界的。人"在自然物中实现自己的目的,这个目的是他所知道的,是作为规律决定着他的活动方式和方法的,他必须使他的意志服从这个目的"。按照马克思主义的实践活动发展观,可将教育划分为三种境界:其一是使学生"生动活泼地主动地得到发展",这是为学生将来能够主动地认识世界、改造世界奠定基础。其二是为学生个性发展提供更多的选择机会。"每个人都无可争辩地有权全面发展自己的才能"。只有使学生的个性充分自由地发展,才能推动整个社会、整个人类的自由发展、充分发展。其三是培养学生的创新意识、创业精神和实践能力,为他们将来创造性地认识世界、改造世界奠定基础。

因此,高校在日常创业教育中应该积极引导和鼓励个性发展,鼓励学生自主性的创新、创造活动。

(三)创业课程要与其他课程融合

强调创业教育思想的渗透性,各学科有效互补,建立起系统的教育学科体系。一方面,通过开设专门的学科课程,如,创造学""科技发明学"等课程,但更多的是结合专业课教学,通过渗透、结合、强化的方式,加强大学生创业意识的培养。创业教育要渗透到各学科教学之中,在学科教育中渗透创业教育,高校应该要求所有教学科目都应体现创业教育思想,所有科目的教师要求能够教授与创业相关的内容。在不同学科的学习中都得注重培养学生的创造能力,开拓学生视野,提高创造性思维,重视学生的想象力和挑战精神。比如,英语教师要能够讲授企业语言或其他国家企业创业的情况;历史教师要能够将著名企业家过去和现在的情况介绍给学生,并引导学生阅读杰出企业家的事迹,了解他们经历多次失败后获得成功的历程。至于商业、市场、经济、管理类相关学科更是将创业必备知识渗透到每一门课程中,包括商业成本、边际利润、资金计划、收入记录、价格构成、税收、市场分析预测和软件设计等有关内容,培育学生良好的创业意识和创业素质。

同时,创业教育要与专业、学科优势相结合。可以以"挑战杯""创业大赛"等全国大学生课外科技竞赛为契机,把创业活动和专业、学科优势紧密结合起来,整合校内各部门的学生创业培养体系,创造良好的创业教育学习环境。

二、积极进行创业课程教学模式的改革

"IPP(S)教学模式"依据以下教学原理组织教学和开展教学活动:第一,课程必须使学生形成系统的知识结构。开发一门高校创业教育课程,必须符合教育规律,并通过系统的知识学习、一定课时量的教育过程,才能构建合理的知识框架,达到一定的教育目标。根据这一原理,该教学模式采取系统的理论教学、案例分析与社会实践相结合的方法,使学生通过规定课时的学习,具备了基本的知识结构,达到了预期的教学目标。第二,课程必须经过一定教学时间的检验。作为一门高校开发的新课程,创业教育课程也"必须经过新课程的编订、实验、检验—改进—再编订、实验、检验……这一连串活动过程"。经过一系列的改进、检验、再编,才使课程内容更加充实,课程体系逐步趋向完善。第三,课程必须要有合理的

序列。根据布鲁纳提出的课程序列原理,"学习过程中呈现教材要有合理的序列。合理的序列需符合两条准则:一是各种不同序列的难易度应与学生的能力相当;二是序列的规定应以提高学生对所学知识、技能的掌握、转化、迁移能力为目标"。IPP(S)教学模式依据该课程序列原理,由易到难地安排教学环节和内容,使学生由简单到复杂地逐步掌握知识和技能。

总之,根据课程发展模式理论,在课程发展过程中,根据国内外先进的创业教育思想和理论,选择和组织教学内容、教学方法和教学管理手段,经过多年反复的教学实验和检验,从而逐步形成了教学内容合理、教学方法可行、教学效果显著、适合中国大学生学习的创业教育课程教学模式。

三、重视引进和培养创业教育师资

(一)建设一支师资结构合理的专兼职创业教育教师队伍

▶▶ 1. 组建进行创业与创业教育研究的教师队伍

学校要有专职进行创业与创业教育研究的教师队伍,加强对创业与创业教育理论研究;研究高校创业教育现状、存在的问题及对策;探求高等学校创业教育发展规律及趋势;为高等学校创业教育教学改革、学科发展和更好地实施创业教育提供具有科学性、前瞻性和开创性的理论根据。研究求职者就业规律和自主创业规律,研究就业形势和就业创业政策,研究就业创业方法、技巧;研究创业者素质结构及整理成功创业者的案例,尽快形成创业教育科学理论体系,编撰出科学、实用的创业教育教材。

▶▶ 2. 组建承担创业教育课程教学的教师队伍

高等学校创业教育的推进,离不开课程教学。这就需要建立一支创业教育教学教师队伍,它应由经济管理类专家、工程技术类专家、政府经济部门专家、成功企业家、孵化器的管理专家和风险投资家等人员构成。

▶▶ 3. 组建指导学生创业实践的教师队伍

创业实践是推进创业教育的重要载体。建立创业实践指导教师队伍就是让

"创业导师"为学生创业提供技能和经验方面的支持,指导学生的创业实践。

(二)加强师资培训,提高教师素质

创业教育离不开高素质的师资队伍,必须把选拔与培养创业教育的优质师资提到重要议事日程上来,创业教育首先对教师提出了新的要求,要求教师具备一定的创业体验、创业知识和创业技能。加强创业教育师资培训、大力提升教师的创业教育素质是推进创业教育向深层次发展的核心所在。要注重培养教师的创新意识、实践能力,组织他们深入研究激发学生创业意识、创业能力的方法及途径,使师资队伍从目前的知识型、传授型向智能型、创新型、全面型转化。教育部副部长赵沁平同志曾经说,要培养具有创业素质的学生,教师就必须有过创业实践。为了达到这个目标,一方面我们鼓励和选派教师从事创业及创业实践体验,鼓励教师走进企业进行实践,或自主创办企业,提高其理论与实践相结合的水平、教学与实务相结合的水平,从而提升教师创业教育能力。很多美国大学商学院的教授都曾有过创业的经历,并担任过或现在仍然担任一些企业的外部董事,这使得他们对创业领域的实践、发展趋势及创业教育社会需求变化有良好的洞察力;另一方面,要积极探索丰富多彩的创新创业实践,加强国际国内创新创业领域的学术交流、研讨和科学研究,努力培养和造就一支宏大的、高水平的创业教育师资队伍。与此同时,对教师进行系统的专门化培训,使之学习和掌握有关创业教育的教学知识;定期、不定期地举办案例示范教学或研讨会.推进创业教育经验交流,从而有效地提高了教师创业教育水平。

(三)做好师资队伍管理模式的动力机制建设

加强教师职业道德教育,增强创业教育工作的积极性和责任感。一方面要组织各种教师培训活动,宣传创业教育对于大学生成才的重要意义,培养其从事创业工作的责任意识;另一方面充分利用广播、网络、院报橱窗、横幅、宣传栏等多种形式,营造就业指导氛围,从而加强全校师生对创业教育的认同,增强教师工作的荣誉感。同时,邀请和组织校领导积极参与创业教育工作,引领和带动教师们的工作热情。

创业教育教师的工作量计算,也要根据创业教育的特点.将专题讲座、指导学生创业实践、参与创业咨询等工作,根据相关规定折算成教学工作量。在绩效评

估方面,要明确教学质量管理组织结构,制定主要教学环节质量标准和教学管理制度,完善教学质量反馈信息处理系统和教学质量保障体系分析系统,建立人才培养质量控制模型。

应倡导师资对自身综合素质和实践能力观念的转变,把教学水平和创业实践水平二者联系起来,以充分发挥教师在大学生创业能力培养机制中的主导作用和指导作用;应加强师资的创业教育能力的考察,把学术能力与创业教育能力结合起来进行教学评价,在一定程度上杜绝"纯学术学者"的出现,使师资队伍从目前的知识型、传授型向智能型、创新型、全面型转化。

第四节 高校创新创业基地及学生创业平台的建设

大学生创业不但要具有创业的意识与技能,还要具有成果转化及产品开发方面的经验,应该把创业教育与科学研究、产业发展紧密结合起来。建设高科技园区作为创新创业基地,帮助创业学生实现产、学、研一体化,这是在创业计划大赛的基础上进行的更高层次的创业活动。

一、开发校内市场,建立创业孵化器和创业基地

高校蕴涵着巨大的校内市场,校内市场应向大学生创业适度开放。学生熟悉校内情况,了解学生需求,有一定的人脉,在校内市场方面创业有着独特的优势;在校内市场上,稚嫩的学生创业者更易于培养和孵化。校内市场可以视为大学生创业素质培养的绝好实验室,应该充分利用这个资源来让大学生进行创业锻炼。

学校应为大学生建立校内创业孵化器(实验室)和创业示范基地,创业孵化器(实验室)由学校或政府负责提供基金和各种资源搭建平台,下设由学生组成的创业项目小组,选拔有管理能力的学生担任小组负责人,并配备教师负责指导,帮助学生解决在创业学习中的各种难题。学校还应创造条件为大学生建立创业示范基地或创业园,为学生创业提供资金、资助和咨询服务,以各种方式指导学生自主创办、经营企业,从事商务活动、技术发明、成果转让、技术服务等业务,让学生在实体中处于主体地位,体验创业全过程,从而培养他们的创业精神和创业能力。

二、与企业合作,建立校外大学生创业实践基地

建立校外大学生创业实践基地,形成产、学、研一体化教育模式。通过与企业

开展合作教育,安排学生见习、实习,使教学更贴近市场,加强专业与市场的结合度,让学生进入社会,深入岗位,感受创业氛围,增长创业才干,提高学生的创新能力和创业能力,从而取得教学与社会效益的双赢。到一些成功人士创办的企业去感受和见习创业,让他们跟踪创业人士去捕捉创业的灵感,感受创业氛围,提高创业能力,政府可以为这些企业提供一定的优惠政策。

三、设立创业基金,多渠道帮助学生筹措资金

创业所需的物质条件和大量资金,对于大学生来说是难以筹措的。高校应当设立大学生创业风险投资基金,该基金可以由高校拨一笔专项资金,也可以通过各种途径吸引社会赞助来设立风险投资基金。相应地,还要建立大学生创业风险投资基金的管理机构,严格选择符合条件的大学生创业项目,并对大学生创业项目的经营情况实施监控,一方面保证风险投资基金的顺利回收;另一方面也可以有助于大学生创业的成功。例如:学校有关部门和专业教师根据学生创业项目的需要和特点联系孵化小企业的大、中企业,让有创业计划和能力的学生与大、中企业牵手创办小企业;设置专门的部门,帮助学生进行市场分析、风险控制,乃至从各种政府部门或民间组织设立的基金会申请创业资金;完善大学生小额创业放贷制度等。

第八章　高校生涯管理教育创新模式

第一节　全人教育和终身教育理念下的生涯管理教育

一、素质教育是创新创业的基础

素质教育与创新创业教育相互匹配和促进的过程需要协同发展。由于创新创业过程周期较长、风险较大、环节琐碎,因此,良好的创业教育的匹配和渗透是创新创业过程所依赖的。创新创业教育的开展,从微观层面来看,有利于培养大学生的主体意识、团队意识、合作精神、创新精神,创新创业过程所亟需的也正是这些气质和品格;从宏观层面来看,大学生的创新品质提升将有效地促进技术创新和科技创新,推动相关产业升级和产业转型发展。因此,高校通过改革创业教育教学模式、搭建创业教育实践平台、多方争取资金支持、优化创业政策扶持机制等措施,能有效地促进专业教育与创业教育的融合,大学、基金、企业"三位一体"资金扶持的融合,教师教学、企业家教学的校企融合,并最终实现创业教育与创新创业的深度融合。

二、创新创业是创业教育的实践化和具体化

创业孵化所具备的特征是要将创业教育进行实践化、操作化和具体化,而这恰好是创新技能人才的培养过程。创业孵化应围绕"培训＋苗圃＋孵化＋加速＋成长"的创业服务全过程、全链条,包括预孵指导、入孵管理、出孵跟踪等过程进行延伸、扩展,形成创业服务生态环境。显然,创业孵化是将创业教育进行实践化和具体化的过程。在高校中开展创业孵化对于营造创业氛围、提高大学生创新创业能力、促进大学生创业和就业都十分有利。在大学期间进行创业孵化,可以充分共享其他社会组织所不具备的优质资源,如实验设施、研究设备、研发技术、师资团队等。可见,将创业教育进行实践化,在大学进行孵化的企业相对于社会上的创业企业有更高的成功率、增长率和发展空间。

大学生创业教育与创新创业协同发展模式创新型人才的培养要依赖于创业

教育、创业孵化、创业投融资等各项创业活动的开展,因此,在培养创新型人才的过程中既要考虑创业过程中各项活动的前后关联性,也要考虑各项活动的动态匹配性,还要考虑初创企业与经济市场、产业结构、社会需求的互动契合度。基于此,我们尝试构建创业教育、创业孵化过程模型,并在此基础上探索创业教育与创业孵化协同发展模式。高校要培养制造业的创新型技能人才,就必须要让创业者奠定良好的创业教育基础。高校可依托课程和第二课堂,培养学生的创新意识、创意思维和创业能力。在大学生学习热情最浓厚的大一时期,可开设创新创业基础课程,集中培养学生们的创新创业意识;在大学生创新思维逐步形成、成熟的大二、大三上学期,可开设创新创业训练课程,将创业教育融入学生们的专业教育,培养学生的创业实践能力;在大学生就业目标基本明确的大三下学期、大四时期,可组织学生进行各项课外拓展项目,如创新创业、技术技能、社会实践等方面,鼓励、支持、扶持他们围绕先进制造业及生产性、生活性服务业等相关领域开展创新创业活动。在创业教育阶段涌现的优秀创业项目,高校应给予全程高度关注,并及时给予创业孵化支持。

素质教育在市场经济条件下向纵深发展的时代体现,即是创新创业教育。这就客观要求创新创业教育不仅是面向少数专业、个别学生的“精英教育”,而且是所有大学生的一种“广谱式”教育。创新与创业是“双生关系”,“创新”置于“创业”前面,实质是内在规定了创新的应用属性;“创业”置于“创新”后面,实质是全面统领创业的方向性,是创新型创业。“创新创业教育”包含“创新教育”“创业教育”的科学内涵。如今,“大众创业、万众创新”已成为时代鲜明的主题,一批批热衷于创新创业的青年学子勇立潮头;科学技术日新月异,“互联网＋”正引领年轻人筑梦青春,演绎一个又一个传奇。但各高校创新创业教育是否找准自己的“根基”和“灵魂”,还需时间检验。

三、高校大学生创新创业教育协同创新政策保障机制研究

(一)构建多组织联动协同创业政策保障机制

构建多组织联动协同创业政策保障机制,有效地分析和研究并结合高校大学生创业的特点,既为大学生提供有效的组织保障机制,从而形成以大学生创业团队为核心,以高校—企业—政府—行业协会为依托的政策保障机制,也为大学生

创业提供有效的保障。不断地落实大学生创业保障政策,从各个维度鼓励和督导大学生创业的进行,对高校和社会协同发展发挥促进作用。

(二)建立多元化的大学生创业资金保障机制

资金保障对于大学生创业实践有无比重要的促进意义,决定了创业进程的推进和拓展。建立多元化的大学生创业资金保障机制,不断地通过设立大学生创业基金、放宽担保贷款的条件、积极推动社会力量帮助创业团队融资等方式来强化资金的控制和管理,以此来更好地保证资金的通畅性。只有这样,才能够更好地促进大学生创业过程的顺利实现,从而不断地保证高校创业教育的有效性,真正为社会的发展起到有效的促进作用。

(三)构建开放性的高校大学生创业服务平台

从根本上来保证创业过程的顺利推动与实践。首先,积极推进政府与高校协同创业培训,对于高校的教师队伍进行有效的培训和教育,强化教育资源整合,健全高校的培训体系。其次,应该积极地开创大学生创新创业实践服务交流平台,对于大学生创业过程进行有效指导,并组建与高校创业教育体系相适应的就业指导小组,为大学生创业进行指导服务,这样可以在很大程度上促进高校大学生创业顺利进行,为其今后发展提供支持。

第二节　大学生素质教育与创新创业教育的协同路径

一、大学生素质教育与创新创业教育体系的构建

(一)创业教育是素质教育和创新教育的深入化与具体化

具备综合素质,特别是具备高素质的人才是创业所需。因此,素质教育是创业教育建立的基础,是新型人才培养模式。同时,创业又是一种创新,需要有智慧,视野开阔,知识面广泛,既懂专业知识,又了解市场需求,有组织管理能力和良好的人际关系及合作精神的人来实现。可见,具有创业能力的人应当具备创新

者、管理者、企业家、社会活动家等多种角色的综合能力。因此,创业教育是素质教育和创新教育的深入化和具体化,完全可以融入素质教育、创新教育中。

(二)创新精神和创业能力是人才综合素质的集中表现

创造性是人才的本质特征,没有创造就没有人类的发展。人类本身就是在劳动中创造出来的,人的劳动创造了世界。所谓创造,通俗地说就是发明或发现,就是产生某种新颖、独特、前所未有的具备社会或个人价值的东西,包括思想。创新除了包括创造外,还包括重新组合原有的东西,或再次深入发现已有知识。因此,创新拥有更加丰富的内涵,更宽泛的外延,更切合高等教育的实际。

创新人才具有较高的创新素质,包括创新意识、创新精神和创新能力。具体体现在具有不断探索创新的兴趣和欲望,勤于思考,善于发现并提出问题,求新、求异;具有创造性想象和积极的求异思维、敏锐的洞察力和丰富的想象力,能够打破常规,突破传统观念和思维定式的束缚,善于提出新观点并运用新方法、新思路解决问题,不唯上、不唯书、只唯实;具有扎实的知识基础和深厚的文化底蕴,具有善于综合已有领域、开拓新的领域的能力,掌握创新知识的方法论,能够熟练掌握和运用创新方法,取得新成果;具有健全的人格和良好的心理素质,具有敢于怀疑、敢于批判、敢于冒险的科学精神,在挫折面前能很快调整自我心态,在任何不利的环境下都能够毫不动摇,不因一时的困难和挫折而放弃个人的想法和计划,有较强的独立性。

创新精神、创新能力和创新成果三个方面的统一是创新人才的基本特征。心理学关于创造力的最新研究成果表明:创造力是一种认知、人格、社会层面的综合体,是知、情、意的统一,它涉及人的心理、生理、智力、思想、人格等诸多方面的基本素质,并以这些基本素质为基础。从知识、能力与素质三者的关系来看,素质是先天遗传和后天教育影响而形成的相对稳定的个性心理品质,知识和能力的内化形成素质,内隐的素质外显表现为能力,而创造力则是上述基本素质的综合体现。因此,进行素质教育的核心是创新人才的培养。明确素质教育以培养创新精神和创业能力为重点,这将进一步提升和深化素质教育。

➤➤ 1.树立以创业教育为核心的素质教育观念,完善创业制度

教师和学生都应树立以创业教育为核心的素质教育观念,要强调学生的全面发展,提高素质教育的质量。对教师而言,那些妨碍学生创业精神和创业能力发

展的教育观念必须要转变,现代社会突飞猛进,科学技术日新月异,作为新科学技术的主要载体的高校,要主动适应时代并超越时代,就必须培养和造就大批创业型人才,即必须把高校建设成培养创业人才的摇篮。对学生而言,要对培养创业精神和提高创业能力的重要性和紧迫性引起重视,还要认识到,成为创业型人才,不但要博学,还要有创业精神、创业能力和创业人格。同时,更要有高度的社会责任感和事业心,有坚韧不拔、敢于冒险、勇于开拓的精神,要了解创业素质的必备条件及如何具备这些条件,从而主动自觉地配合高校实施创业教育,提高教育的有效性。

目前,高校应尽快完善各项创业制度和运作机制,确定创业教育目标,有机结合智力创业与体力创业、模拟创业与实践创业等,要建立学分制、休学制、转学制等弹性学制及与创业教育相配套的教育制度。

▶▶ 2.改革课程设置,重构以创业教育为核心的素质教育教学模式

高校教育教学工作的核心是课程设置,学生的全面素质教育包括主体性和创造性能力的培养及个性的发展与完善,归根结底要落实到课程设置之中。除了专业知识以外,国内外经济发展形势、企业管理知识、新技术革命的内容、市场营销知识及企业家成功的经验等都是创业成功的知识保证。因此,在素质教育中融入创业教育,体现在课程设置中,就是增加课程的选择性与弹性,加大选修课的比例,给学生更多的自主选课空间;开设创业教育讲座,增强创业意识,普及创业知识等,满足学生的求知欲,拓宽学生的知识面,培养学生的企业家精神和创业管理能力。另外,在创业教育全新的课程设置范式下,教育质量的评价主要由社会做出,对学生来说,与创业有关的知识、技能必不可少,但更重要的是强烈的创业欲望及自信心与进取精神,因此,需要在教学过程中营造一种民主、平等的教育氛围。

▶▶ 3.大力加强创业师资的培养和创业研究

在中国的高校中普遍存在缺乏既具有较高理论水平,又有一定的企业管理经验,尤其是创业经验的师资。对此,进一步加强师资引进和培养是高校的必然之举。我们应当借鉴美国名校的做法,从企业及政府中聘请一些既有实际管理工作经验,又有一定管理理论修养的企业家、咨询师、创业投资家等担任兼职教师,与高校教师合作讲授一些创业课程。高校还应当鼓励教师参与企业咨询、研究活

动,增加其管理实践经验。另一个重要的途径是加强高水平国际合作,通过引进短期海外教师或合作办学、合作研究,尽快提高国内大学创业教育和研究水平。

▶▶▶ 4.创业教育应与丰富多彩的校园文化有机结合

充分发挥大学生创业教育中第二课堂的作用。开展多种形式的创业活动,不断探索创业途径。社团和学生会组织,不只要积极鼓励学生组建形式多样的创业团队,设立学生创业中心和活跃的学生社团;还需要充分利用现有的资源和条件,构建团队的建设和活动载体,如定期举办"创业沙龙",成立"创业俱乐部",举办"创业论坛""人才论坛"等,开展"创业培训"活动以完善知识结构。还可以专门成立"大学生创业素质培训班",面向全校招收有志于创业的学生,设置科学合理的课程体系,使学生掌握创业应具有的各科知识。开展学术报告、研讨、辩论、科研竞赛、创业交流等,在提高学生创业意识和能力上积极探讨一些行之有效的措施。作为高校实施创业教育主要形式的"创业计划大赛"为学生提供展示创业才能的舞台,取得一定的成果。通过开展"创业计划大赛""专业技能大赛"和"计算机技能大赛"等活动来集中展示学生的创业成果,科学评价学生的创业能力,积极帮助学生吸引风险投资,适时推出比较成熟的创业团队和创业项目,完成学生创业从学校到社会的顺利转化。

二、调整优化课程体系的基本原则及主要路径

(一)优化课程体系的基本原则

课程体系的优化是一项系统工程,既要考虑课程的复杂性与特殊性,也要综合考虑影响因素的作用,遵循科学的原则,确保课程体系优化与发挥整体功能。

▶▶▶ 1.系统性原则

课程体系的改革优化是一项系统工程,为了真正实现课程体系优化必须从整体上把握课程改革。一方面,课程体系优化的影响因素是多方面的,不仅受到学校综合办学水平制约,也会受到社会经济、教育观念、国家教育政策等因素的影响,高校在优化课程体系过程中只有系统考虑校内外因素对课程体系优化的影响,才不会顾此失彼;另一方面,课程体系优化不仅涉及系统中某一类课程要素本

身的优化,还需要处理好课程门类间的关系及课程系统与学校内部其他系统和社会大系统的关系。课程体系的优化既要保证学生能扎实学好起长效作用的基础知识,正确处理理论学习与生产实践技能培养的关系,又要注重学校教育的理论性、系统性、长效性,加强课程体系间的内在联系,完善各门类课程自身的系统性及相互间的关联性,提高整体效益。

课程体系优化过程中贯彻系统性原则应把握好三个层次的协调,一是课程内部各章节内容间的协调;二是课程与课程间的协调,包括课程安排的顺序,学时分配及内容选择;三是课程体系综合功能的协调,充分考虑各类影响因子的作用。只有确保课程体系的整体性才能真正实现课程体系的优化。

▶▶ 2.可持续发展性原则

根据社会经济文化与科技发展、社会需求、教育观念的改变及时做出应对策略,并能促进教育发展就是所谓的可持续发展。首先,社会经济与科技文化的发展是课程体系的优化,应注意区域经济与国内外经济发展变化,科技发展态势,前沿学科、交叉学科或边缘学科的发展和形成,保持课程体系的柔性和先行性,避免教育的滞后性,尽量缩小或消除人才培养周期与新技术在专业领域应用周期间的"剪刀差"。其次,要关注社会发展对人才需求的变化,不断调整优化课程目标,改善学生知识、能力、素质结构,增强学生的社会适应能力。最后,要根据学校办学条件,改善学科发展水平、师资素质与学生已有知识水平,因时、因地、因校、因人制宜,设置具有本校特色的课程体系,增强学生综合素质,提高教育教学质量,从而实现学校的可持续性发展。

▶▶ 3.前瞻性原则

具有极高学术水平和非凡才能的人才不可能直接通过本科教育培养出来,高等教育只能为人们日后的发展提供必要的基础。高等学校应着眼社会发展、科技发展趋势,加强预测和研究人才市场,全面了解社会科技经济发展趋势,主动适应科学技术的迅猛发展和知识经济对人才的要求,树立科学的教育思想、教育观念,以人的全面、充分而自由的发展为指导,以实现本科教育培养基础性、适应性和创造性人才为目标,紧跟当代科技的突飞猛进和学科知识的纵横网络关系,优化课程体系,强化课程的综合性与时代性,增强课程之间的有机联系,加强学科之间的衔接性与各学科知识、技能、过程的渗透性,既重知识逻辑结构又重知识发展的历史过程,既重知识纵向更新又重知识之间的融合和应用,既关注学生知识的获得,又要关注学生实践能力、创新能力的培养及健全人格的养成,使学生形成广阔的视野、开放的思想和自主创新能力。

>>> 4. 少而精原则

在学习过程中,学习时间的有限性与人类知识的无限性存在矛盾,要解决这一矛盾,在课程体系设置与课程内容的选择中要贯彻少而精的原则,控制课程的数量,提高课程的质量。基础课程教学要具有素质教育与专业教育的双重功能,课程体系应体现素质教育和专业教育的融合,着重培养学生的创新精神,特别是掌握科学思维方法和技巧,创造性地运用所学知识解决各种实际问题。贯彻少而精的原则要处理好课程体系中前修与后续课程的关系,同时,要处理好不同学科间课程的关系及同一门课程不同内容间的关系,避免课程内容的重复,根据专业培养目标的要求选择学生必须掌握的基本理论、基本知识、基本方法与技能。注意课程间衔接与配合,避免先行课程与后续课程间的脱节与不必要重复,注意课程内部各知识点间的内在联系,分清主次,突出重点。一方面,在优化课程体系过程中就要充分考虑各专业对该部分知识学习的基本要求,从而确定知识学习的深度与时间;另一方面,社会科技经济发展必然带来科学文化知识的增长、社会生产的多样性、社会产业的多样性、社会价值观的多样性及对人才需求的多样性,知识创新与增长的无限和学生学习时间的有限之间的矛盾日益突出,本科课程体系的优化应立足于解决学生从整体上认识、探究、把握外部世界的要求,精简陈旧内容及时将新成果引入课程,甚至是开设综合性或多科性课程,在有限的时间内传递给学生尽可能多的信息。

>>> 5. 个性化原则

本科课程体系的个性化主要体现在三个方面,一是符合学校办学实际,体现学校办学特色;二是反映专业发展特点与优势;三是突出对学生个性的培养。

高等教育大众化使我国高校数量与类型不断增加,要实现高等教育结构的整体优化,最大限度地发挥高等教育系统的功能,不同类型和层次的高校就应合理分工,构建起结构优化、层次清晰、分工明确、相互衔接的高等教育系统,并依据我国高校的类型和层次分类标准,针对不同类型与层次的高校设置不同的人才培养目标,构建各具特色的整体优化的课程体系,从而不断优化人才培养结构,提高人才培养质量,增强高级专门人才的社会适应性,并在造就高素质劳动者、专门人才和拔尖创新人才三个方面做到既合理分工又相互配合,为社会主义现代化建设提供源源不断、丰富多样的人才资源。

作为培养人才的社会机构,高等学校由于各自的性质与培养任务不同,既不可能所有学校、所有专业都按一个模式进行人才培养,按相同的模式来组合人文、自然及社会课程,也不可能一所学校满足社会对各层次人才的需求,而只能从各自不同的经历、传统、现实、优势与特色出发,依据社会发展的要求与学生发展的现实,利用所处的地域及行业关系进行最佳选择,确定不同的培养规格要求,从而构建各具特色的课程体系。

(二)调整优化课程体系的主要路径

》》1.创业教育课程体系内各因子之间的融合性优化

创业教育课程体系包括创业理论课程、创业实践课程和创业活动课程,创业教育课程体系的优化既强调其中某一门课程的内涵建设,又强调各课程之间的关联性、系统性,即保持独立性的同时,也要融合课程之间知识、技能、素养教育目标。

对于课程开设的时间,需要合理安排前导课程、后续课程,遵循事物的认知规律,培养学生的学习兴趣,循序渐进地引导学生自主学习。

对于课程开设的性质,需要兼顾理论课程与实践课程,使学生边学知识边操作技能,真正在"做"的过程中认知、掌握、实践,充分体现"工""学"交替的优势。

对课程开设的形式,需要必修课与选修课相结合,注重培养学生基本创业技能的同时,辅之拓展延伸技能,为有进一步提升能力要求的学生提供平台。

对于课程开设的内容,既要有独立性,又要注重与其他创业教育课程的关联性,强调某一技能的同时,更要培养学生的综合素质。

》》2.创业教育课程体系与高等教育人才培养目标的契合性优化

创业教育属于高等教育的一部分,因此,作为创业教育的核心载体,创业教育课程体系必须与高等教育的人才培养目标保持一致,要融合基于岗位设置的人才培养方案。

对于人才培养目标制定,需要强调创业教育与专业教育、技能教育、德育教育等目标相互融合。不要将创业教育作为一个独立的专业开设,因为创业教育的目标也只是高等教育人才培养目标的一个组成部分,而非全部。例如,在创业教育过程中,强化学生的创新思维能力、耐挫能力、慎独自省等创业精神,既是对创业者独立人格的培养,更是对高校德育的体现与提升。

对于课程体系构建,需要将创业教育的理念渗透到专业人才培养课程体系中,强调创业教育课程与通识课程、专业课程、综合实践课程、德育课程等相互融合。例如,在对汽车专业学生讲解"TRIZ 理论与方法创新"等创业教育课程中增加汽车销售创新的案例,专业性更强,更具有启发性和引导性。同样,也需要在专业课中融入创业教育课程或模块,如,在"财务会计"专业课中增加代理记账等创业知识模块,使创业教育的惠及面更宽泛,不仅仅是为了创业而进行创业教育,而是真正使学生具备"就业有优势、创业有空间"的能力。

三、交叉学科教育与创新创业人才培养

(一)交叉学科对创新创业人才培养的作用

知识跨越和思维跨越是交叉学科跨学科的主要特性,交叉学科培养创新创业人才的最大优势便在于此。因此,交叉学科的教育,可以有效地拓展学生的知识结构、改善学生的思维体系和扩展学生的视野,提高学生发现问题、提出问题和解决问题的能力,提高学生的创新思维与创新能力。

》》 1.拓展学生的知识结构

学生创新能力的源泉是合理完善的知识结构,交叉学科跨学科特性的一个表现就是知识的跨越,跨学科的知识结构可以给予学生更为宽广和厚实的学科知识基础,在学科交叉的路径上,完成复合型、创新型人才的知识结构储备,增强和延展学生学科基础知识的复合性。因此,要调整优化课程体系,更加有效地设置交叉学科知识。

》》 2.改善学生的思维体系

交叉学科跨学科性的表现包括思维的跨越。跨学科思维,顾名思义,指学习主体的思维突破所在学科的束缚,从多学科的角度对某一问题进行多层次的

立体思维,在科学研究的重大突破和重大发现中跨学科思维发挥了重要作用。

现实世界中的客观事物具有多样性和复杂性,要深入地探索和认知世界中复杂的客观事物,必须具备与之对应的思维体系。依托交叉学科,学生汲取了相关学科思维方法的营养,海纳百川,兼容并蓄,相互为用,对各种思维方法进行同化、整合、重建,发散与收敛相统一,最后使思维发生质的飞跃,产生强烈的非线性交叉复合效应,跨学科思维在此过程中得以形成。单一学科培养出来的人,其思维局限于单一学科的研究范围,容易形成思维定式,在解决复杂问题的过程中难以开创新的局面。而交叉学科培养出来的人才能根据社会实践的需要,综合运用多种学科思维方法,从新视角和新层面观察、分析、研究复杂事物的内在规律,探索发现、解决问题的方法。当学习主体具备了这种思维体系,就容易在解决复杂问题的过程中产生灵感、顿悟,创新就成为一种可能。可以说,跨学科思维本质上就是一种创新思维。

▶▶ 3. 扩展学生的视野

单一学科、单一专业培养出来的人视野有局限,学科交叉的方式可以大大扩展学生的视野。交叉学科培养的人才不再拘泥某一学科、专业,可能是两个或两个以上的多学科、多专业,人才培养定位更高,视野更加开阔。

▶▶ 4. 为人才培养模式创新提供着力点

开展交叉学科教育是人才培养模式创新的着力点之一。许多教育专家指出,培养创新人才,必须来源知识结构的创新和复合,学生的创新能力培养需要在学科知识的交叉融合方面做出必要努力。随着时代的发展,复合型创新人才更加被社会所需要。在科学技术发展以综合化为主导趋势的条件下,交叉学科教育已成为人才培养模式创新的着力点,高等教育界已经形成的一个重要共识就是通过交叉学科培养创新人才。

(二)跨学科人才培养的路径

▶▶ 1. 通过设立跨学科的专业,开设跨学科课程进行跨学科人才的培养

这是各国高校普遍采用的培养途径之一,在培养跨学科的人才中发挥重要的作用。美国的高等教育研究人员认为,综合性的专业和课程对培养现代人才

的各种素质和思维能力十分有利。美国高校本科生的"专业",是通过修习不同的主修课和选修课来形成的,专业的构成比较灵活。学校并不单纯以学科分类作为本科专业(主修课)的设置标准,很普遍的情况是跨学科交叉设置专业。这种专业跨越若干传统学科,超越了传统"系"的界限,拥有独立的课程体系。这样就改变了文科与理科截然分割、各学科之间壁垒森严的局面,可以培养厚基础、宽口径的通用人才。例如,以强调继承传统著称的日本,也提出高等教育要面向国际、面向 21 世纪,破除狭窄的专业意识,摒弃专业间人为的屏障,培养国际性人才。还有许多国家实行不同学科分段培养或不同学科课程交叉配合的改革,改变过去单纯以科目为本位或以经验为本位的专业模式和课程模式,强调知识体系的集约化和结构化,加强课程内容的综合性、整体性和探究性,使学生的知识结构由"深井型"转变为厚基础、宽口径的"金字塔型"。尽管各国改革的具体做法各异,但在打通专业界限,造就通晓多学科专业知识人才方面是一致的。

▶▶ 2.通过组建教学科研合一的跨学科研究中心,培养跨学科人才

设立跨学科研究机构可以推动不同领域的合作,通过多种形式学术活动,如学术会议、讲座等、加强科研信息交流,为学生提供参加训练和接触仪器设备的机会,利用跨学科研究机构的跨学科研究优势,也对争取校外研究经费有利,有利于完成校内外的创新工作。从世界范围来看,一些国际著名的大学,如哈佛大学、斯坦福大学、普林斯顿大学等近年来都投巨资成立了跨越生物学、物理学、化学等多个学科的交叉科学研究所或研究中心,集中物理学家、化学家和生物学家等不同学科专家的智慧,以促进学科的交叉和渗透。例如,斯坦福大学诺贝尔物理学奖获得者朱棣文教授领导启动了"生物学交叉学科研究计划";德国布伦瑞克工业大学的"物理和技术计量学"研究生院的教授就分别来自物理、数学及信息科学和电子学等不同专业领域。

第三节　大学生素质教育与创新创业教育的协同问题

高等院校开展创业教育,实际上是对学生进行素质教育和创新教育的有机组成部分,是将素质教育引向深入的新形式。全面提高学生的素质集中体现教育的质量和效益,高等院校实施创新教育和创业教育必须以党和国家的教育方针为指

导,以促进学生全面发展和整体素质的提高为目的,以创新的精神、创新的理念、创新的思维、创新的方法对教育观念、手段、方式乃至人才培养模式进行全面的改革和创新。

从知识经济时代对人才素质的要求出发,从我国高等教育必须适应市场经济的需求、必须符合高等教育国际化发展趋势的要求出发,我们认为,创业所涵盖的基本素质是学生全部素质中最重要的素质,或者说素质教育最重要的部分和落脚点就是创业教育。没有创业,哪来就业?不会创业,谈何素质?知识经济时代是创业的时代,只有不断推进高新技术成果的创业,实现其商业化转化,才能推进生产力迅猛发展,实现经济社会的持续繁荣。高等院校对学生各种素质的培养就是要使学生既学会做事,又学会做人,这样的学生才具备创业的基本素质,才有可能在今后各种不同类型的行业或岗位上开创出一番事业。

一、创业教育应当以人为本,培养学生终身学习和可持续发展的能力

我国高校应当以人为本,坚持从大学生长远发展出发,培养他们具备终身学习和可持续发展的素质,创造性地开辟未来。高等教育是建立在普通教育基础上的专业性教育,在大学培养目标、培养规格中,应使业务素质、创业素质与其他素质和谐统一起来。高校培养的大学生要德智体全面发展,要具有较高的知识水平和较强的技术转化能力、技术创新能力、创业开拓能力、群体合作能力、经营管理能力等综合能力。

要克服那种认为大学生无须进行文化素质教育的单纯技术倾向,高等院校需要加强文化素质教育,注重结合科学精神与人文素养,加强科学精神和科学方法论教育。实践证明,大学生文化素质教育十分重要,通过对大学生进行文学、历史、哲学、艺术等人文社会科学及自然科学方面的教育,全面提高他们的文化品位、审美情趣、人文素养和科学精神,使他们学会做人,这是素质教育的内核。文化素质作为一种基础,深刻影响学生其他素质和人格品质、人生观、价值观的形成,对学生的人生产生影响。

二、创业教育应当突出创新精神和创新能力的培养

创业的灵魂和根基是创新精神和创业能力。创新精神和创业能力应作为素质教育的重点,为大学生的创业教育打下良好的基础。大学开展的是专业教

育,专业性既是大学教育的本质特征之一,也是大学教育区别于基础教育的本质属性。专业性主要指人才的业务素质,兼具学术性与职业性的特征。大学本科阶段要求以创新和创业能力的培养与训练为主,把创新精神与实践活动结合起来,培养大学生的创业意识和技能。硕士和博士研究生阶段,则以创造性成果的要求为主。这些特点都要求大学教育更加注重培养学生创新精神和创业能力。

长期以来,缺乏创造性是我国教育普遍存在的一个问题,这是由在中小学盛行的应试教育和大学狭隘的专业教育造成的,已经成为制约我国经济发展和国际竞争力增强的一个主要因素。

因此,突出创新精神和创业能力的培养作为创业教育的重点,既是迎接知识经济挑战、促进经济科技发展和提高综合国力的需要,也是针对我国高等教育长期以来创造性能力培养薄弱的必然对策。

三、健全和完善创业教育培养体系

创业教育是一项系统工程,在创业教育中政府应起核心作用,鼓励开展创业教育,完善各项创业政策,做好创业服务。高等院校应尽快建立和完善创业教育运作机制,制定好创业教育目标,建立与创业教育配套的制度,如学分制、休学制、转学制等弹性教学制度,解决好专业课程和创业课程、创业课程与创业实践、实习基地与经济实体的关系。要努力使学校的产学研资源为学生创业服务,充分利用社会资源、网络教学、远程教育等培养学生的创业技能。社会、企业、家庭也要大力支持创业活动,为创业者提供充分的人、财、物等方面的支持和帮助。

教学内容和教育方式改革应该作为建立创业教育培养体系的基础,注重创新和实践,深化课程体系改革,摒弃陈旧的教材和教学方式,加大实验、实习和社会实践等教学环节在整个课程体系中的比重。同时,还应建立和健全相应的评价体系、评价指标,以鼓励创新和激励创业。在培养体系中,课程体系是核心,优化课程设置,对课程设置实施从"刚性"向"柔性"的改革,是当今世界高等教育改革的重点,也是在创业教育中完善学生创业所需知识结构的关键。一般来说,创业者的知识结构分为四种类型:基础知识、专业技术知识、经营管理知识、创业实践性知识。为此,首先,在教学中要加强基础课程、专业学科与其他学科课程的交叉融合,在培养学生具有扎实的基础知识和系统掌握本学科专业技术知识的基础上,开设经济学、管理学、法学、财务会计及外语、计算机等课程,拓宽学生知识面,加强学生的文化底蕴。其次,要加大选修课程的比例,增强创业课程群的选择性与弹性,拓宽学生自主选择的空间,进一步激发学生的学习兴趣。最后,增设创业实践课程。以必修、限制选修或直接参与创业实践的形式,侧重创业综合性、实践性知识的传授,让学生全面获取创业所需的多样性知识。

四、重塑创业教育的教学机制

创业教育课程因其前瞻性、自主性、开放性、实践性、活动性、实用性而表现出生机和活力,改革创新创业教育教学机制势在必行。第一,要创新课程教学内容,创业课程的内容贯通古今中外,涵盖政治、经济、管理、文化、法律、科技,贯穿谋略、技巧、模式、方法、手段,创业课程还要发挥与经济建设联系紧密的特点。凡是经济建设中急需的新知识、新技术、新工艺、新方法都应当积极融入创业教育课程体系之中。第二,要创新教学形式,创业课程的课堂可以在教室,可以在实习基地,可以在企业,也可以在市场。授课者应注重学生接受教育的过程和结果,而不要过分拘泥教学计划和形式。第三,要创新师生关系。在创业课程及实践活动中,师生关系和角色是多变的,有时是师徒关系,有时是业主与雇工的关系,有时是法人与员工的关系,有时是债权人与债务人的关系,创业教育中新型师生关系的构建已经成为我国高校推行素质教育进程中的亮点。

课程体系是一个综合系统,具有复杂性、动态性的特点,由各成分、各要素构成。随着社会的发展,课程体系的学科发展和学生的发展是不断演变的,这也是与之相应的教育思想和教育目的的体现。如果没有一个确定其合理结构的方法,没有一个考虑整体优化的方案,不能从整体性、环境适应性、相关性、层次化等方面去安排课程各要素及其分布上的关联,它就不可能真正有效运行。课程体系的合理程度决定了课程整体功能的发挥。如果课程体系合理,课程的整体功能必然大于课程内部各部分功能的总和,反之,亦然。因此,课程体系的优化必须立足学校办学实际,更新观念,合理定位,加强教学条件建设,遵循系统性、可持续发展性、前瞻性、少而精、个性化等基本原则,以社会需求为导向,以学校办学定位与人才培养目标为基础,以教育教学条件与科学评价为保障,充分尊重区域经济发展特点、学校已有的办学特色与办学条件。

第四节　立体化实践教学体系的构建

一、立体化实践教学体系

实践教学的重要内容包括立体化实践教学，是创新的实践教学体系。立体化实践教学重在实现实践教学整体效用和价值的最大限度发挥，强调将实践教学的实验、实践、实习等各环节紧密相连，层层递进，多维度、多元化、全方位地实现各领域专业人才的培养。立体化实践教学的目标是指培养创新型、应用型和复合型人才，运用先进的科学理念和教学思想，坚持理论与实践相结合的原则，分别以时间、能力、专业实践为多维结构，构建多层次、多维度、全方位的实践教学体系，实现高校、科研机构、企业、政府的多方协同合作，实现专业人才实践能力、创新能力等综合职业能力得到全方位、深层次、多元化培养的教学目标。

立体化实践教学是以培养创新型、应用型和复合型人才为宗旨，以协同创新理念为指导，坚持理论与实践相结合的原则，分别以教学阶段、专业能力、实践教学内容为多维结构，构建多层次、多维度、全方位的实践教学体系，实现校企政的多方协同合作，提高学生的职业综合能力，推动实现专业人才的"高位就业"目标。立体化实践教学体系是符合时代发展需要的教学理论，是实践教学更为完善的实践教学体系。专业的发展需要科学理论的指导，需要科学教育理念的注入，基于协同理念下的立体化实践教学体系的构建，具有较强的理论价值和实践价值，对培养"高位就业"人才具有重要的意义，能够完善实践教学体系，丰富教育研究理论，推动教育的发展。

二、立体化实践教学体系与创新创业素质教育的关系

对高校而言，进行立体化实践教学体系创新，将教学实践与创新创业素质教育结合，既是提升人才培养质量、促进毕业生更快更好就业的需要，也是高校增强自身软实力、走内涵式发展道路乃至建设研究型大学（创新）和应用型大学（创业）的内在诉求。作为立体化实践教学主体的师生，其参与创新创业素质教育的基本动力是通过完成教学，实现自身更好发展：教师改革教学内容与方法，改善教学效果，提升教学和科研水平；学生参与创新创业实践，获得知识、经验与能力，实现全

面发展。明确以上各方动力构成的主要目的是构建能够有效传导、良性互动的创新创业素质教育"三结合"的动力体系,该体系从上至下(国家—高校—师生)通过激励与评价机制来传导动力,将国家层面对创新创业人才的需求转化为高校改革人才培养方案和教学模式的动力,进而转化为教师改进教学、学生积极参与学习的积极性。

立体化实践教学的核心目标是创新创业能力的培养,贯穿实践教学体系每个环节,是人才培养的内在要求。高校多数专业具有实践应用性强、涉及行业范围广等特点,其学生具备较好的市场机会意识和一定经营管理能力,并有较高的可能性在校或毕业后参与创业,因而对创业能力需求更大。此外,学生毕业后主要就职于各行业企业,由于行业特点与市场需求存在差异,学生在工作中要不断学习、实践与创新,否则很难适应岗位要求。无论是从就业还是创业角度而言,创新创业能力提升都有助于学生实现更好的发展,因此,创新创业能力培养与人才培养在目标上是完全一致的。

在立体化实践教学的目标体系中,主要包括专业能力、综合应用能力和创新创业能力三个部分,其中,创新创业能力是核心与最终目标。由于目前学术界和高校对创新创业能力这一目标普遍缺乏明确界定,笔者根据自身实践教学经历,认为可将其划分为知识目标、情感目标和能力目标三个层面。在知识上,创新创业需要学生掌握企业管理、财务会计、市场营销、国际贸易、国际金融、法律法规等知识,才能应对创新创业实践中可能出现的常见问题。在情感上,创新创业要求学生除具备良好心理素质、优秀道德品质外,还应具有创新意识、市场意识、风险意识、团队协作意识、不屈不挠的创业精神及丰富的创新创业实践经验。在能力上,如前所述,创新创业能力主要由科学研究、实践动手、社会活动、经营管理等方面的能力构成。在实施实践教学时,应以创新创业能力培养为导向,适当调整实践教学计划,改革教学内容、教学方法和教学管理体系,力争更好地实现教学目标。

内容体系是整个立体化实践教学体系的主体,是指实践教学各环节的合理配置,包括实验实训、企业实习、课程设计、毕业设计、第二课堂、社会实践等,具体体现为实践课程规划与教学内容安排。相对以往以理论知识巩固为主的实践教学模式而言,新体系具有立体化、层次化、项目化等特点。所谓立体化,就是要调动实践教学的所有要素,以丰富的实践教学资源为平台,以多样化的实践教学方法为路径,实现各环节相互贯通、紧密结合的全方位体系。层次化是指实践教学应遵循"由浅入深、由低到高"和"实践、创新、再实践、再创新"的基本规律,在实践教学环节设计时,将教学内容分为若干层次,阶段式、循序渐进地实施实践教学活动。项目化是指实践教学内容组织应尽可能以贴近社会(企业)实际的创新创业项目形式,通过小组任务下达给学生,使教学过程真实化,这样既利于吸引学生的参与兴趣,又能够增强学校与社会、企业的互动,形成良性循环。立体化实践教学内容体系按照"理论与实践结合、系统性与阶段性结合"的思路,以培养学生专业能力、综合应用能力和创新创业能力为目标,从课程实验、实习实训、社会实践、综合设计、学科竞赛和创新创业竞赛等多个维度出发,构建由基础实践、专业实践、综合实践和创新创业实践构成的立体化实践教学体系。

虽然有关实践教学方面的研究近年来得到教育研究者的广泛关注,实践教学的相关理论也逐渐完善,部分专家学者对实践教学模式、实践教学体系等方面问题进行了理论探讨,但现有实践教学模式等诸多理论难以解决教育与行业发展的突出矛盾,在教学实践方面操作性较低,缺乏创新性,难以满足行业对人才的发展要求。实践教学的发展需要结合创新创业素质教育理念,需要培养符合行业和市场发展需要的专业人才。立体化实践教学体系是基于协同创新理念的指导,是在科学的教育理念的指导下建立起来的创新型的科学教学体系,同时,立体化实践教学体系的建立,紧跟行业的发展要求,结合高等教育与行业发展突出瓶颈问题,确立了培养人才"高位就业"的合理目标,强调在教学过程中,加强学生专业操作能力和实践能力等综合职业能力的培养,为企业培养具有较高职业综合能力的高素质专业人才。

"高位就业"是指学生在专业学习后到企业就业直接进入中层管理者和高技能专业人才岗位,不需要从基层服务人员做起的新型就业目标。"高位就业"的前提强调学生在毕业时已具备企业所需要的基本技能和职业综合能力,掌握扎实的理论基础的同时,具备较高的实践操作能力,符合基层和中层管理者的职业能力要求及需要具备的职业综合素养。立体化实践教学体系以学生的"高位就业"为目标,以创新创业素质教育理念为指导突出实践教学环节连贯性和整体性,完善实践教学内容,积极培养学生综合职业能力,满足新时期发展对专业人才的需要,力争推动毕业生实现"高位就业"目标,进一步完善实践教学体系。立体化实践教学体系的目标,突破传统实践教学体系研究角度,重在解决教育与人才供求矛盾的瓶颈问题,为教育的新发展探索新的人才培养机制。传统的实践教学体系虽然发现了教学重理论轻实践的问题,但仅加强实践教学力度是不够的,实践教学的发展需要更为完善的理论指导,需要明确的实践教学目标,需要符合行业和市场对人才的真正需要,只有找到问题的根源才能更好地解决问题。积极推动人才的"高位就业"是解决教育与行业发展供求矛盾的突破点,符合行业对于人才的新要求,"高位就业"的实现需要与创新创业素质教育结合的实践教学体系。

三、基于创新创业素质教育的立体化实践教学体系

(一)立体化实践教学体系构建的基本原则

≫ 1.相对独立的原则

建立相对独立的实践教学体系,加强对学生专业技术应用能力的培养,激发学生创新创业热情,实践教学在教学计划中应占较大的比重。

实践能力的培养来自创新意识和动手实践,独立的实践教学体系在内容上可以分为实验、实习、设计三个子体系,在方式上可以分为校内实践、企业实习、顶岗工作及专业社会实践四种形式。实践教学体系必须与理论教学体系紧密相连,相辅相成,互相渗透,共同为一致的培养目标服务。建立相对独立的、目标明确的实践教学体系是十分必要的,并应在此基础上探讨理论实践一体化的问题。

≫ 2.注重应用的原则

在专业上进行应用是创新型人才培养的目的,以应用为主旨和创新为目标的特征构建实践教学体系是实现创新型人才培养目标的前提。因此,以应用为主旨和特征构建创新创业素质教育实践教学体系首先要进行职业岗位分析,紧紧围绕职业岗位需要的关键能力、辅助能力、创新能力、综合能力、扩展能力等来分析实践教学体系的环节、内容和要求。在此基础上,要通过实践教学的基地建设、师资建设、教材建设等构筑实践教学体系的保证体系,通过模拟考核、现场考核、工作考核等多种形式建立实践教学的考核体系与评价体系。

≫ 3.社会与产学结合的原则

产学结合是实现实践教学体系教学目标必须走的道路。产学结合是人才培养的必需,更是社会与经济发展的必需。通过产学结合,校企合作,共同研究培养

方案、制定培养目标、实施培养过程,达到社会单位人才培养的根本要求,带动教师参与科学研究和技术服务,通过工程实践、技术开发及产品研发,提高教师的科学研究水平和实践动手能力,进而带动学生将本学科专业知识转化为实际生产力。主动适应经济社会发展对人才创新能力的新要求,更新教育教学理念,整合校内外资源,构建高效、有序的工作体系,完善科学合理的工作制度,落实各项激励保障机制,营造浓厚的校园创新氛围,树立创新典型,提供创新扶持,把大学生创新精神和实践能力的培养融入人才培养的全过程,落实到教育教学的各环节。

▶▶ 4. 整体优化原则

第一,育人层次。实践教学与理论教学具有同等的重要性,要处理好两者的关系,既要相互独立,又要相互渗透,二者相互促进、相互加强。第二,实践教学的层次。各环节之间存在从基础到全面,从单一到综合,从基础到专业,实践内容也有从感性到理性,从易到难的层次。实践形式存在从低级到高级的发展过程。要考虑各实践环节的类型、要求和难易程度,进行优化组合,使其符合人才培养的规律。

(二)立体化实践教学内容体系构建

依据不同范围实践教学内容体系的构建模式主要有两种:一种是传统按学科划分的实践教学体系内容;另一种是按能力层次划分的"分层一体化"实践教学内容体系。按学科划分的实践教学内容体系,适用于某一具体专业的实践教学内容体系建设,明确专业内不同课程环节对学生实践能力、创新能力培养的要求与方式是其目的,这种模式构建的实践教学内容体系,不易明确能力的不同类别及不同层次要求,在教学上不易突出能力培养之间的连续性及创新。另一种按能力的层次划分构建的"分层一体化"的实践教学内容体系是教学型高校实践教学内容体系构建时常采用的一种模式,并按通识技能、专业技能和职业技能三个层次来构建实践教学内容体系,实行"分层培养、层层递进、逐步提高",培养学生综合运用能力、创新能力和解决实际问题的能力。这种模式注重能力的分层,但对能力的分类及不同教学环节的要求划分不够,在教学上不易把握能力培养的重点及能力与素质之间的关系,不能较好地兼顾实践教学的内容体系与实践教学的课程实施之间的关系。

从学校层面来讲,实践教学内容体系的构建模式应具有全校指导意义。本科院校作为教学型院校,主要办学目标是培养应用型本科人才,学生的能力和素质必然是核心,以"宽口径,厚基础,强能力,高素质"为其主要的培养模式。"宽口径、厚基础"主要培养学生的通识能力,"强能力"主要培养学生的专业能力,"高素质"主要通过学生的综合(创新)能力来体现。因此,从学校层面来讲,新建本科院校的实践教学内容体系的构建必然首先要对培养的能力进行分类,这样便于与人才培养方案中教学计划的课程模块(通识模块、专业课程模块、选修课程模块、职业课程模块)相对应。其次不同类别的能力培养应采用不同的教学实施环节。最后是对不同的教学实施环节进行能力培养的分层设计。由此,就形成了实践教学内容体系"能力分类别—实施分环节—要求分层次"的体系化构建模式。

四、立体化实践教学体系的实施

(一)完善实践教学基地建设

创业教育实践基地建设是培养复合型创业人才,适应知识经济竞争与挑战的需要,是高校生存、改革和发展的需要,是解决就业难题、提高大学生综合素质的需要。创业教育实践基地建设对创业教育的开展,对学生的发展,对教师队伍建设,对社会与高校创业人才的沟通等方面也有特殊意义。

创业教育实践基地是沟通理论与实践的媒介。创业教育既强调创业意识、创业精神的培养,又注重创业综合素质的提高,特别是创业操作能力的拓展需要借助实践,使学生跳出书本求知,真正学以致用,进而通过实践检验所学理论的灵活和适用性。其实践经验的长期总结当然可以再上升为理论知识。

对学生而言,创业教育实践基地是培养学生创业实践能力的平台。一方面,通过大量知识的掌握、案例学习和模拟创业过程的参与,使学生开阔视野,达到启迪创业意识的目的;另一方面,依托实践基地,通过开展创业计划大赛等创业活动,使学生在创新设计能力、实践动手能力、领袖风格和团结协作精神等方面得到很好的锻炼和提高。

在教师队伍建设方面,创业教育实践基地是培养专家型教师队伍的平台。实践证明,培养专家型教师队伍最有效的办法是生产实践与创新活动。在实践基地的建设管理和参与按企业化运作的组织管理中,教师可以不断掌握新的技术,了解国内外科技动态,开阔眼界,转变观念,更新知识,达到教学相长的效果,在实践中提高素质,成长为专家型教师。

就社会与人才沟通而言,创业教育实践基地可以通过组织学生进行多种创业活动来接触社会,了解社会。通过创业教育实践基地,可以搭建科技成果与社会风险投资、企业家之间的桥梁,实现社会对人才的观察和考验,实现科技成果的尽快孵化。

(二)建立完善的实践教学协同管理制度

立体化实践教学体系的建立需要一系列完善的管理制度保障。实践教学管理制度是立体化实践教学体系的重要内容,也是实施该体系的基本条件。有关立体化实践教学体系的管理制度的建立,主要从以下方面考虑。

第一,制定实践教学设施的保障制度。高校在建立专业实验室及实践教学基地的同时应该制定相应的管理制度与保障条例及实践教学设施使用具体操作要求和行为规范,以保证实践教学设施的可持续利用。实践教学基地是实践教学活动开展的重要场所,同时,也是培养学生实践能力等综合职业能力的重要平台。实践教学设施等相关硬件管理制度的建立是立体化实践教学体系具体实施的重要保障,有利于实践教学活动的可持续发展。

第二,健全经费管理机制。实践教学体系的建立,无论是硬件的实践教学设施还是实践教学的软件建设都需要充足的经费支持,高校要结合自身的发展需要,制定合理的责权分明的经费管理制度,实践教学所需经费的申报、分配和管理需要有专门的主管部门负责,并有完善的申报及使用流程等制度,以保证实践教学的规范化发展。

第三,制定实践教学巡检制度。实践教学质量是保证专业人才培养质量的重要因素,因此,提高实践教学质量要组织成立实践教学考核小组,采取定期与不定期的巡检方式,对实践教学活动的开展进行评估,继而保证立体化实践教学的有效性和教学质量。实践教学巡检机制的建立,既有利于促进实践教学质量的提高,也有利于实践教学的可持续发展。

此外,坚持校内与校外结合,加大实验室、实践教学基地、创新创业孵化基地的建设力度。实验室在创新创业人才培养中发挥基础性作用,除了要保持设备设施的完备性和先进性外,还应加大实验室的开放与共享程度,提高其利用率,并在实验过程中增加综合性、设计性和创新性实验比重。实践教学基地应采用"校内外共建"的建设思路,一方面,要吸引和聘请企业专业人士一起参与实践教学指导与管理;另一方面,学校要利用学科专业优势,积极为企业提供员工培训、市场调查和方案咨询等服务,具体形式包括校外实训基地、订单式培养、顶岗实习等。创新创业孵化基地将创业团队、导师、投资人、企业、政府等资源要素有效整合在一起,是实践教学的第二课堂,也是直接服务于学生创新创业能力培养的最重要平台。如今,多数高校都成立了类似基地,应在实践教学中充分予以利用。

立体化实践教学体系相关管理机制的建立是一个动态的发展过程,高校要结合实际发展需要,适时调整,灵活运用,不断完善和扩充管理制度内容,定期进行实践教学工作总结,对实践教学存在的相关问题进行及时分析和处理,保障立体化实践教学体系的顺利开展。

(三)建立有效的实践教学协同评价机制

立体化实践教学体系评价机制的建立是保证实践教学质量的重要条件。实践教学评价机制的建立需要科学的方法为指导,开展有效的评价。立体化实践教学体系的评价方法,主要包括以下内容。

第一,采取随堂测评。随堂测评需要实践教学教师制定完整的学期课程随堂测评。在学生的实践教学活动中,部分课程与专业理论课程具有紧密的联系,教师可以根据教学计划和课程目标,对学生进行随堂的实践技能测评,以保证学生本节实践课程知识与技能的学习效果。

第二,开展阶段性测评。随着学生对专业学习的深入,教师在实践教学的不同阶段,可以对学生已掌握专业技能所达到的水平进行阶段性测评。阶段性实践教学测评需要结合专业的发展要求,建立科学的评价指标体系。实践教学阶段性测评既是对学生实践能力等综合素质的全面了解,同时也是学生强化专业综合职业能力的重要过程。

第三,综合性测评。综合性测评主要是针对高年级学生的综合职业能力展开的综合性测试和评价。选择高年级学生的测评对象主要是由于高年级的学生对专业的认知度较高,并且经过阶梯性的实践教学训练,基本具备并掌握了专业相应的职业能力,因此,综合性测评对其展开具有重要的意义和价值。

立体化实践教学综合性测评,既是对专业学生实践学习活动的综合性评价,也是提高学生分析和处理问题等综合职业能力的重要教学内容。

此外,除了上述评价方法外,开放式的测评方式及竞赛式的测评方法等也是可以采取的方法,能够激励学生对专业知识的学习,提高学生的专业学习兴趣,能够进一步完善立体化实践教学体系的评价机制。

参考文献

[1]方娜.高校大学生创新创业教育培养体系构建研究[M].哈尔滨:东北林业大学出版社,2018.

[2]戚健,张雅伦,张丽丽.大学生创新创业实训[M].北京:北京理工大学出版社,2018.

[3]王凯,赵荣,李峰.大学生创新创业理论与实务[M].上海:上海交通大学出版社,2018.

[4]罗晓彤,汤咏梅,刘志东,等.大学生创新创业基础[M].成都:四川科学技术出版社,2018.

[5]四川传媒学院创新创业教研室.四川传媒学院大学生创业典型案例集[M].北京:中国铁道出版社,2018.

[6]王一鸣.新形势下应用型高校德育和创新创业[M].北京:光明日报出版社,2018.

[7]林晓丹,吕聪玲.基于社会主义核心价值观的大学生创新创业教育指导研究[M].北京:中国铁道出版社,2018.

[8]石鹏建,余舰.2017年度全国创新创业50所典型经验高校经验汇编[M].北京:北京航空航天大学出版社,2018.

[9]王文杰,李敏.铸魂育人 高校大学生思想政治工作实效奖成果集[M].北京:光明日报出版社,2018.

[10]王春晖.高校大学生创新与创业教育研究[M].长春:吉林出版集团股份有限公司.2019.

[11]张静.高校大学生创新与创业教育研究[M].长春:吉林出版集团股份有限公司.2019.

[12]杜军.教育信息化2.0视阈下理工科高校大学生创新创业教育[M].长春:吉林出版集团股份有限公司.2019.